古典文獻研究輯刊

三九編

潘美月・杜潔祥 主編

第49冊

蔡守集
（第五冊）

伍慶祿、蔡慶高 著

國家圖書館出版品預行編目資料

蔡守集（第五冊）／伍慶祿、蔡慶高 著 -- 初版 -- 新北市：
花木蘭文化事業有限公司，2024〔民113〕
目 8+200 面；19×26 公分
（古典文獻研究輯刊 三九編；第49冊）
ISBN 978-626-344-969-5（精裝）
1.CST：蔡守 2.CST：學術思想 3.CST：研究考訂
011.08   113009890

ISBN-978-626-344-969-5

古典文獻研究輯刊
三九編　第四九冊   ISBN：978-626-344-969-5

蔡守集
（第五冊）

作　　　者　伍慶祿、蔡慶高
主　　　編　潘美月、杜潔祥
總　編　輯　杜潔祥
副總編輯　楊嘉樂
編輯主任　許郁翎
編　　　輯　潘玟靜、蔡正宣　美術編輯　陳逸婷
出　　　版　花木蘭文化事業有限公司
發　行　人　高小娟
聯絡地址　235 新北市中和區中安街七二號十三樓
　　　　　　電話：02-2923-1455／傳真：02-2923-1400
網　　　址　http://www.huamulan.tw 信箱 service@huamulans.com
印　　　刷　普羅文化出版廣告事業
初　　　版　2024 年 9 月
定　　　價　三九編 65 冊（精裝）新台幣 175,000 元　　版權所有‧請勿翻印

蔡守集
（第五冊）

伍慶祿、蔡慶高　著

目次

第四巻　雜　著

雜　著

凡例

一、本卷從已見各種報刊雜誌中輯出以及筆者力所能及收集到的手稿，增補加注，標點編排。

二、人物、書籍簡介。

三、別字徑改，不出校。

四、原文加注或夾註，均用小號字標示，不另注。

發掘東山貓兒岡漢冢報告　蔡寒瓊　談月色

　　愚夫婦媚古生成，考古同耆，匯錄金石，竊媲歸來；摹拓彝器，思繼墨香；抱守殘闕，性之所鍾。近仿羅森，破陶湊合，使玉碎千西，復為完璧；瓦解百代，宛保康瓟。鼎無折足之虞，鏡無分飛之怨，雖非秘傳，敢詡創作！比隨胡子肇椿 [1]，發掘古迹，益信地不愛寶，山川時出鼎彝。況獲親覩古冢之建築偉麗，明器之位置精嚴，曠代奇珍，俛拾即是。充市贋鼎，作偽自窮，遂覺求古於地下，遠勝訪古於冷攤矣。寒瓊偶過門弟子巴禮夫 S・F・Balpoun 貓岡儌舍，聞其比鄰譚氏，築室闢地，發見古墳，即與月色同往考察。詰朝以告博物院，議定發掘，顧不期所得，多於木塘岡也。茲錄日記八則，聊作報告一弓。考訂物品，並坿於後。

二十，三，七，書於廣州

【注釋】

[1] 胡肇椿，詳見《附錄 蔡守與時人交遊考》。

二月廿六日，陰，寒甚。十時早食後，與月色到英伯[1]處，同乘汽車，上越秀山鎮海樓，赴博物院保管委員會特別會議。委員朱庭祜[2]、辛樹幟[3]、陸幼剛[4]、謝英伯、劉萬章[5]、陸薪翹[6]、丁衍鏞[7]皆出席，月色亦列席。幹事盧起焰紀錄。愚夫婦詳述日昨同往考察東山貓兒岡發見古冢情形。議決：仍由院函請工務局派工人發掘，並公推愚夫婦為發掘專員。十二時散席，仍與英伯同汽車下山，至小北山泉午食。下午三時，到工務局。先見徐秘書甘棠，不允發工人。遂到余主任季智處，坐俟半時許，程局長天固歸，請仍派第八隊工人二十名，以其工目李廣等，曾經胡肇椿發掘木塘崗漢冢時之訓練也。得允照發，即歸。（寒）

【注釋】

[1] 謝英伯，詳見《附錄 蔡守與時人交遊考》。

[2] 朱庭祜，詳見《附錄 蔡守與時人交遊考》。

[3] 辛樹幟，詳見《附錄 蔡守與時人交遊考》。

[4] 陸幼剛，詳見《附錄 蔡守與時人交遊考》。

[5] 劉萬章，詳見《附錄 蔡守與時人交遊考》。

[6] 陸薪翹，詳見《附錄 蔡守與時人交遊考》。

[7] 丁衍鏞，詳見《附錄 蔡守與時人交遊考》。

廿七日，陰雨，迺寒特甚。七時即起，案頭孫子商觚插之臘梅，漢侯王洗供之水仙，花相競放，溫摩房櫳，寒香四溢。盥漱竟，熾炭量泉，試日前汕頭法官李居端寄贈之大紅袍茶名。用新得陳曼生砂壺，聽雨樓粉胎小盃，與寒瓊品茗。噉佛來蔗 W‧g‧B‧Fletcher 饋之火布甸及飲奶酪。八時半，與寒瓊冒雨衝寒同出。寒瓊先往東山分局，請派特務警察到場保護，余往貓兒岡，見工務局余主任季智，程助理金福，陳協理式之，已率第八隊工人二十名到。亡何，博物院陸委員薪翹、盧幹事起焰、郭助理潔梅亦到。地之主人譚耀芬合浦人，在陳濟棠軍部經理處供職戎衣出見，並令臧獲以桌椅假用，招待殊周，至可感也。十時半雨歇，命工人先掘一溝作十字形以驗之。啟工未幾，見冢堂之圓頂已削平，知經人盜發，頗失望！但工目李廣云：土尚堅，冀未窮搜耳。十一時半，十字溝已開深尺許，知此冢與木塘崗漢冢建築不同，堂圓形，無東西兩室，前冢門，

後寢室即厝棺處。十二時工人去午膳，愚夫婦亦偕陸薪翹、盧起炤、郭潔梅同到東方樓午飯。下午二時再開工，教育局吳秘書宗泰、胡科長天詒均到參觀。此冢全用雷文甎築成，且甎之平面及四周俱有雷紋，似是宮殿之甎。絕無砌墓拱之甎，一便厚一便薄者。其砌墓之圓拱乃用南越瓦敲碎塞罅，忖度此必南越貴人之冢，出於倉卒之際，不俟造墓甎而葬者。至四時半，在冢之南端，發見陶屋之頂，鉅甚而奇，四邊有類亭之頂者，各人僉為之狂喜。第時已薄暮，且寒風益猛，如刀割面，復下冷雨。五時前即收工，鄭重封識。並命院役邱玖，借譚氏建築工廠，留宿看守。愚夫婦然後歸。（月）

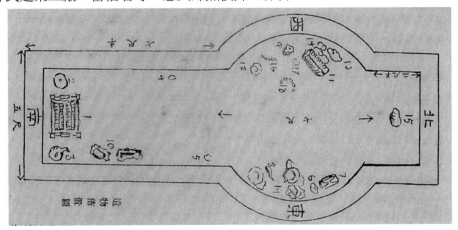

　　廿八日微雨，逾冷。八時才起，月色匆匆梳洗畢，食肉糜後，犯寒同往貓兒岡。工人亦畢集，即令工目李廣與鄧英，仔細掘昨已露頂之陶屋，積土殊堅，片片割下如糕，至十一時方畢露，甚偉大，異於從來所見之陶屋，崇墉屹屹，四角有樓，前後門上亦有譙樓，月色親自洗剔，泥堅殊不易脫。十二時教育廳鄧科長章興，偕曾傳軺 [1]、汪宗衍 [2] 到參觀。下午一時，培正小學校長吳寶齡來參觀，並邀愚夫婦去東方樓午食。下午二時繼續發掘，於冢端之西南隅，得一銅鑒，已破壞。於東南隅，得陶壺一，斷頭折鋬。於塞甎罅之碎瓦間，拾得殘瓦當一角，有「萬歲」二字。又瓦一，有「左官卒口」一印。月色洗剔陶屋畢，指欲殭矣！知此崇墉如宮牆，內更有樓殿兩座可移出。前殿二人，峨冠撫几坐榻上，几前一人對立，左側一人伏拜。簷右一衛士執殳矗立，後樓一人登梯甫盡即伏拜，樓下一婦女，高髻長裙，樓上右室兩婦女同坐。此為貴人之冢，於是益信！五時收工歸，晚飯後，與月色圍爐瀹茗，談論此冢。取插架元槧《史記》豐順丁氏持靜齋舊藏，季滄葦校勘《南越傳》同讀之，疑此迺趙興之冢。宵深甫就寢，猶論古於低幃昵枕間，洵不遜歸來堂賭茶之樂也。（寒）

【注釋】

[1] 曾傳軺，詳見《附錄　蔡守與時人交遊考》。

[2] 汪宗衍，詳見《附錄　蔡守與時人交遊考》。

三月一日，寒雨。八時三刻才起，十時半圍爐炙羊，飲馬退公從薊門南旋所贈海甸蓮花白，薄醉。飯後，與寒瓊去貓兒岡，朔風怒號，重裘不溫。郭潔梅、盧起焰亦衝寒而來。十二時偕到東方樓午飯。下午二時，工人冒雨仍發掘，但無所獲。三時雨益大，工人寒苦可憫，即收工。（月）

二日大雨，尤寒。九時甫起，十時半飯後，與寒瓊犯雨衝泥去貓兒岡。是日因雨，時作時輟，僅於堂之東得陶棓八，下午四時收工，是晚與謝英伯醵資，宴余季智、曾傳軺、陳式之、劉栖杭、陳越坡、程金福于六榕寺。九時酒闌即歸。（月）

三日，微雨，沍寒。八時半起，九時半飯後，與月色往貓兒岡，發掘堂之東隅，得陶簋一，陶勺一。堂之西隅，得陶鋪首一，已殘缺。十二時與陸薪翹、郭潔梅、盧起焰同到東方樓午飯。下午二時繼續發掘，至三時，在堂之東南隅得不知名之陶器二，長方形，有六耳，無蓋。於堂之西又得一陶屋，門左右有畫像，亦罕見也。又陶井亭一，陶牛、陶豕、陶雞、陶梟，共八事。四時在墓門內之正中處，得一瘞玉，以紅石為臺承之，乃璞玉如卷石，上被土氣所黯蝕處，黑於隈星，下近臺處白如截肪，洵曠代奇珍也！五時收工，即歸。（寒）

四日，陰凍。八時才起，九時半飯後，與月色去貓兒岡。在堂之西隅，得斷劍一，方竟一，已破碎，僅全一鼻，及邊少許。釦一，似施於髹漆巨器者，器毀不存。堂之東隅得殘陶器與蓋數事。十二時與郭潔梅、盧起焰去東方樓午食。月色忽患腹痛，潔梅即去買藥，殊可感也！下午二時，月色略愈，仍同去發掘。全冢之積土已盡，不見有殘破棺木及骸骨，亦無鐘鼎重器。陶質之明器位置雖不差，但銅器殊凌亂，諒必是堂之圓頂，被人削平時，已盜發無疑也。冢底亦以雷紋磚密布，亦盡發之。於厝棺處之下得一磚，質色皆迥異，且有草書「夫此□」三字。譚宅之婢忽走告，並謂其宅後野塘邊，亦有一古墳，距此冢之西北僅數十武。即與潔梅、月色去考察，見冢甃僉有網紋，因命工人並發之。詎知此墓建築絕簡陋，長僅七尺許，寬四尺弱，高三尺強，遍搜只得一陶盃。五時收工歸，月色仍覺不適，即延紹興王醫生一梅診脈，謂受寒耳，處方，十一時服藥後即寢。（寒）

五日，昧爽，月色腹又痛。余起取瓊州丁少瑾 [1] 寄贈綠奇南末，以沸

水沖服，痛略止。平明，再延王一梅醫生來，診脈處方。七時服藥後，九時半能起，時微雨甚冷，余耐寒獨去貓兒岡，犒賞人工畢。十二時歸午飯，與月色圍爐，研究此冢，不俟造冢甎，而用宮殿之平面雷紋築之，可想其葬之倉卒。明器之陶屋，有外垣如宮牆，其中之人又如王者；又一陶屋門外有畫像，墓門外有瘞玉，用器中有釦之鬃漆巨洗，皆非尋常人所宜有。再檢《南越傳》同讀，至呂嘉反，與弟將卒攻殺王太后，及漢使者遣人告蒼梧秦王，立明王長男建德為王。雖未言殺興，然興倘未死，何事立建德為王。且《前漢書》亦云攻殺太后王，可知興必死於亂兵中，顧當日太后樛氏，嘗欲縱嘉以矛。王止太后，嘉始得脫而出。嘉固不欲殺興，興既死，且大亂，僅草草葬之。嘉恨樛氏與安國少季已切齒，烏肯復為之營葬耶？據此故疑為南越王趙興之冢。愚夫婦連日犯雨衝泥，備受寒苦，以至於病。倘得發見南越王者之冢，亦足以償其勞也。（寒）

【注釋】

[1] 丁少瑾，詳見《附錄　蔡守與時人交遊考》。

冢中物考訂如左

瘞玉冢中物位置圖列號（下略作圖號第十五）高八寸弱，圍約一尺有四寸。上有土黯處，色變黑，仍露玉之白筋細於纖緯。臺承之處，白如截肪，邊微作土黃色；方臺，紅石為之，高一尺有三寸強，寬六寸又三分，形略如几。

寒案，《演繁露》[1] 云：「紹興十三四年，或於會稽禹廟三清殿前，發地得瘞玉，有土黯處，稍變為土黃色。」與此正同。又案椿園氏《西域聞見錄》[2] 云：「于闐產玉石子，大者如盤如斗，小者如拳如栗，其色如雪之白者酒上品。」可知此為于闐璞玉之至佳者，儻非王者，於倉卒營葬時，安得有此曠代之大寶以為瘞乎。

【注釋】

[1]《演繁露》，16 卷，《續演繁露》6 卷。宋程大昌撰。大昌以為今本《春秋繁露》非董仲舒原書，其真本當屬《爾雅》《釋名》一類。乃擬其意自作此書，故名，其考證名物典故，頗似辭書。程大昌，詳見《附錄　蔡守與古人交流考》。

[2]《西域聞見錄》，滿洲正藍旗人七十一撰，成書於乾隆四十二年。該書詳細記錄了當時西域的人文地理、風土人情、物產習俗。七十一，詳見《附錄　蔡守與古人交流考》。

釦圖號十八約存三分一，殘缺太甚，寬一寸有六分，高相埒，殊薄，似施於髹漆巨器之口。器雖毀，以其三分之一計其器之圍，約二尺有奇。於土中才發見時，金色爛然，益信許氏所云「金久薶不生衣」之言，不我欺也。

　　月案，《說文》：「釦，金飾器口。」徐曰：「若今銀稜器也。」段注作鍍金解，誤。漢舊儀：「宗廟三年一大袷，高祖黃金釦器，大官尚食用黃金釦器。」又後漢和熹鄧皇后紀：「蜀漢釦器。」注：「以金銀緣器也。」又《鹽鐵論·散不足篇》：「今富者銀口黃耳，金罍玉鍾。」又《東觀漢記》[1]：「桓帝立黃老祠，淳金釦器。」又揚雄《蜀都賦》[2]：「雕鐫釦器，百伎千工。」又《太玄經》[3]：「為釦器。」又近見《藝林》二十年（1931）三月刊，載比來陝西發見秦冢之巨槃，木質髹漆，銅環鎏金，亦髹漆之釦器也。又朝鮮樂浪郡[4]王盱墓出土漆器，有鎏金銅釦，殆即「蜀漢釦器也」。可見秦漢時，髹漆重器必有釦，釦器為宗廟王宮瓌奇偉麗之物，據此又可作為王者冢之一證。

【注釋】

[1]《東觀漢記》，東漢官修本朝紀傳體史書，明帝時開始編寫，以後累朝增修，到桓靈時，共修 143 卷，尚未最後定稿。參加撰述者先後有班固、劉珍、李尤、伏無忌、邊超、崔寔、延篤、馬日磾、蔡邕等，東觀為宮中殿名，即當時修史之處。魏晉時此書很流行，唐代中葉以後流傳漸少，今本係清代輯本。

[2]《蜀都賦》，晉左思著。左思，詳見《附錄　蔡守與古人交流考》。

[3]《太玄經》，漢揚雄著。揚雄，詳見《附錄　蔡守與古人交流考》。

[4] 樂浪郡，漢武帝元封三年（前 108）置。治所在朝鮮（今朝鮮平壤以南），轄境約當今朝鮮平安南道，黃海南北道江原道和咸鏡南道地。西晉末地入高句麗。

　　鋞二圖號，前人均作奩殘破殊甚，通蓋高約八寸，口徑四寸有八分，腹圍一尺三寸又三分，花紋精湛絕倫，與《寧壽鑒古》[1]，奩[2] 寒案：定古器物名，以款識有本名者為最碻，否則取其類似之物，而有本名者稱之為妥。余弱植治金石學，即疑奩之名稱不妥，宋人《博古圖》[3] 載奩，無款識，謂「奩蓋閨房脂澤之具」。然考《晉書·天文志》「譬如覆奩。寒曰：韓注。上圓象天，下方象地」云云。《唐書·裴諗傳》：「宣宗取御奩果以賜。」寒曰，此偶以奩載果，如《拾遺記》[4] 云：「后崩，侍者見鏡奩中有瓜桃之核。」皆偶用鏡奩盛物耳。又唐人詩：「金奩調上藥」，及「寶奩拋擲久」。皆不專指閨房物為言，是亦盦盒[5] 之類，凡盛物者總名耳。故稱之曰「奩」。如《西清古鑒》[6] 載九品，《西清續鑒》[7] 載七品，《寧壽鑒古》載十又三品，均無款識，皆沿宋人之誤，稱之曰「奩」。僅王國

維《國朝金文著錄表》引羅振玉《集古錄》載漢奩蓋有「漢單安侯家重一斤十兩第二」十二字，亦無本名也。案說文：「籢，鏡籢也。」顏注：「若今鏡匣也。」《廣韻》[8]：「籢，盛香器也。」《三蒼》[9]：「籢，盛鏡器名也，謂方底者。」可知籢之為物，確與博古圖所謂籢，不相侔也。顧漢器中，此物至夥，有銅有陶，提者有梁，坐者有足，從未見有款識者。今見南海黃季度紹憲[10]家藏一器，與《西清古鑒》漢帶紋奩正同，而有鑿銘曰：「桂宮銅鍪，容四斗並重六斤。征和二年（前93）少府遺為尚方造第九」，二十有四字，余遂據此以定是器為鍪。但案《說文》：「鍪鍑屬。」《急就篇》[11]顏注：「鍪似釜而反唇。」與此不類，何也？后考《禮記·內則》：「敦、牟、巵、匜。」注：「牟讀曰堥，敦堥黍稷器也。」又《後漢·禮儀志》：「巵八牟八。」又《韻會》[12]：「鍪通作牟。」故得定此器銅者曰「鍪」，陶者曰「堥」，有梁者亦可曰「鞪鍪」，「鞪鍪」非專指首鎧，或亦盛黍稷之器也。劉喜海《長安獲古編》[13]卷二有鍪，則屬炊器，與《內則》敦、牟、巵、匜之牟不同，與歷代相傳為奩之鍪，亦不同也。

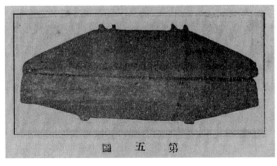

第　五　圖

桂宮銅鍪

　　月案：「外子寒瓊，既考得前稱奩者，皆鍪也。鍪非炊器，鍪牟古通，因倩于院長右任榜其燕庭為『牟軒』，並搜集得陶銅大小十數事。按容希白[14]教授在《漢代服御器考略》《燕京學報第三期》僅著錄《獲古編》一器，因未見桂宮鍪，故定其為炊器耳。竹絲崗漢冢出土一具最鉅，高一尺有奇，圍徑尺又六寸，蓋有活環，通身刀刻花紋極精，有兩耳，耳下底之邊有兩凹處，可絢懸之鞪，至為可愛，乃以儲佳茗，用代茶瓶兒也。又考《西清》《寧壽》所謂奩者，

尤多謬誤。如《西清古鑒》之漢雲紋盒，乃鼎也。《續鑒》之漢饕餮盒，乃槃
也。漢雲紋盒，亦鼎也。《寧壽鑒古》之漢蟠虺盒，車釭也。漢夔紋盒，乃鐓
也。漢金錯盒，蓋如蓮房，有六孔，若今之花插，比來廣州西郊發見古窯，有
陶制者，絕精巧可喜，余亦曾拾得一事。

【注釋】

[1]《寧壽鑒古》，銅器圖錄書。乾隆敕編，16 卷。錄彝器與鏡鑒 701 件。編輯方法
　　同《西清古鑒》。

[2]「盒」字後似脫字。

[3]《博古圖》，《博古圖錄》，銅器圖錄書。北宋王黼等奉敕著。所收銅器 893 器，
　　分為 20 大類。宣和間成書。摹刻有器物圖像和銘文，並記有器物的尺寸、容
　　量、重量及出土地點和收藏者姓名等，對器名、文字也有說明與考證。在體例
　　和結構上，奠定了我國古代青銅器研究的基礎，為以後許多同類著作所仿照。

[4]《拾遺記》，志怪小說集。一名「王子年拾遺記」。東晉王嘉作，南朝梁蕭綺曾加
　　以整理，共 10 卷。前九卷記自上古「庖犧氏」「神農氏」以迄東晉各代歷史異
　　聞，末一卷記「崑崙」「蓬萊」等仙山事物。內容多宣揚神仙方術，荒誕不經，
　　但富詞藻、多掌故，有助於臨文之採擷，故後世詩文常引為典故。

[5] 盒 ān，古代盛食物之器。《考古圖》收有周伯盞饋盒，《宣和博古圖》收有周交
　　虬盒。宋張世南《遊宦紀聞》卷十四：「古器之名，則有⋯⋯盒，於含　切，
　　覆蓋也，似洗而腰大，有足提攀。」

[6]《西清古鑒》，銅器圖錄書。梁詩正等人奉敕編著。四十卷，另附錢錄十六卷。
　　係乾隆十四年考定皇室所藏銅器而成。體例仿宋代《博古圖》遺式。共錄彝器
　　1426、鏡 93 件。繪出器物圖形，有文字拓本或摹本。記器物尺寸，並有簡略
　　考證說明。

[7]《西清續鑒》，甲、乙編，銅器圖錄書。王杰等奉敕著。各 20 卷，乾隆五十八年
　　成書。收錄彝器 844 件，另有鏡鑒與雜器。編輯方法與《古鑒》相同，繪物，
　　製圖形，附有文字拓本釋文和器物的簡要說明考證。

[8]《廣韻》，全名《大宋重修廣韻》。宋陳彭廣、邱雍等奉敕依據「切韻」增訂而成
　　的韻書。成於大中祥符四年。共五卷，平聲兩卷，上、去、入聲各一卷。收錄
　　26194 字。字下注反切、義訓，依韻排列。平聲字多，分上下二卷，上平聲 28
　　韻，下平聲 29 韻，上聲 55 韻，去聲 60 韻，入聲 34 韻，共 206 韻。為研究中
　　古語音極重要的資料，學者多據此書上推古音，下證今音。

[9]《三蒼》，也作《三倉》。字書，秦李斯撰《蒼頡篇》，趙高撰《爰歷篇》，胡毋敬撰《博學篇》，是為《三蒼》。漢時亦合稱《蒼頡篇》。漢揚雄撰《訓纂篇》，東漢賈魴撰《滂喜篇》，與前《蒼頡篇》（包括《爰歷》《博學》在內），亦合稱為《三蒼》。大抵四字為句，兩句一韻，便於誦讀，當時以教學童識字。今皆不傳。清孫星衍、任大椿，近人王國維等皆有輯本，王輯本較為詳備。

[10] 黃季度，即黃紹憲，詳見《附錄　蔡守與古人交流考》。

[11]《急就篇》，古代字書名。為學童識字之書。漢史游作。今本 34 章，2144 字（末128 字為漢以後人所加），按姓名、衣服、飲食、器用等分類，成三言、四言、七言韻語。首句有「急就」二字，因以名篇。一說如遇難字，緩急可就而求，故名。

[12]《韻會》，即《古今韻會》，元黃公紹撰，30 卷。韻分 206 部，唐、宋相承，未嘗變異，此書循用平水韻之次序，並為 107 韻，改變唐、宋以來韻書的體例，今已散佚。

[13]《長安獲古編》，二卷，清劉喜海編。銅器圖錄書。有光緒三十一年（1905）劉鶚補刻標題本。錄商周禮樂器 42、兵器 3、秦器 4、漢器 12，雜器 18、瓦當 2件。封泥、印章為補編。每器繪有器形，摹錄銘文並釋文。書後有劉鶚跋。劉喜海，詳見《附錄　蔡守與時人交遊考》。

[14] 容希白，即容庚，詳見《附錄　蔡守與時人交遊考》。

劍圖號十六已四斷，且剝蝕太甚，尺寸不可臆度。

竟圖號十七已碎，只存鼻一，與邊數段，故知為方竟。

陶宮圖號一外宮牆，縱一尺有四寸，衡相埒，連樓高一尺又三寸二分，四角有樓，前後門上亦有樓第一圖。內前殿縱六寸又八分，衡九寸又六分，高八寸。殿中峨冠二人，撫几並坐榻上，榻前一人對立，鞠躬如奏事，左一人伏拜，簷下一衛士矗立第二圖。後樓，縱五寸有四分，衡九寸有六分，高九寸，梯廣一寸。樓下婦女一，高髻長裙，樓上婦女二，梯上一人伏拜第三圖。

陶屋圖號十一縱七寸有八分，衡九寸又六分，高八寸又三分，重簷，門外左右有刀刻兩畫像。

第四圖

月案，《獨斷》[1]：「神音伸荼音舒鬱壘音律二神居其長，主領閱諸鬼。」此門左右兩畫像，即此二神歟！粵中比年發見陶屋以百計，從未見有如是之弘偉奇古者，是亦可為王者冢之證。

【注釋】

[1]《獨斷》，漢蔡邕著。

陶簠圖號七通蓋高四寸弱，長八寸強，廣四寸，有單簡刀劃紋第五圖。

寒案，《說文》：「簠，黍稷圓器也。簋，黍稷方器也。」《周禮》：「舍人凡祭祀共簠簋。」鄭注：「方曰簠，圓曰簋，盛黍稷器。」兩說互異，金錫齡釋簠簋，論之甚詳，且所見簠之鑄銘，本名曰簠者，皆方無圓，可證鄭注是，而許說非。吾粵發見明器，未嘗見有簠，此特有之，亦可證其為王者之冢也。

陶鋪首圖號九已殘缺，尺寸不可臆度。

月案：曾傳鞈有《釋鋪首》，考訂綦詳見本志。

井亭圖號十二連瓦頂高六寸強，方亦六寸強，重欄，皆有刀刻花紋，瓦頂上有龍神，已殘缺，黝色如後世之龍泉窯，甚厚第六圖。

第六圖

月案：粵中發見漢冢，莫不有井亭，但皆井圜而亭方，且尠有黝，此特方者而有黝，亦殊於尋常之明器也。

陶棓八圖號六長三寸又四分，廣二寸。

月案：此器三代名舍姑之古文，見《藝術叢編》中藝陶。秦名及音姑，見《陶齋吉金錄》，漢名棓，晉以後名羽觴，胡肇椿研究甚詳見本志。

陶勺圖號八深一寸又三分，口徑二寸有四分，柄有孔，可安木，刀刻花紋甚精。

月案：羅振玉作陶匏。恒見之陶勺，柄多作梟首，尠有花紋，此特可安髹漆木柄，亦迥殊常制。

陶壺圖號三斷頸折鋬，刀刻花紋，精湛無匹，黝色亦濃厚。

陶牛、陶豕各二圖號十四長皆六寸強，有刀刻毛。

陶鶩、陶雞各二圖號十四長皆五寸弱，有刀刻羽。

陶方器二圖號十高四寸有三分，長八寸又二分，廣四寸弱，有六耳，無蓋。有單簡刀刻紋一，已碎，此器未考得其名也。

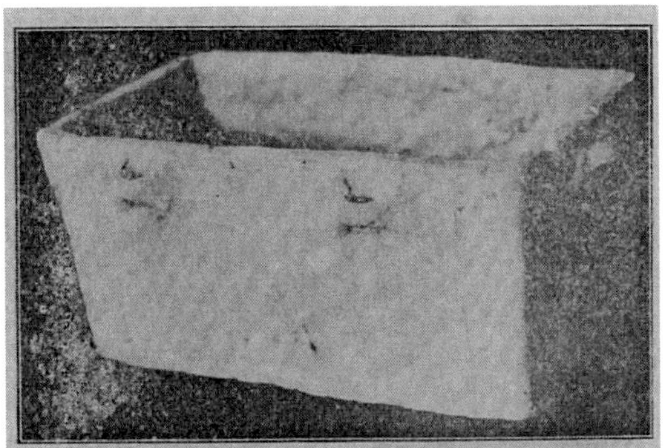

圖七第

殘瓦當圖號四僅餘一角，有「萬歲」二字。

殘瓦圖號五瓦上有一印，印文曰：「左官卒□。」

月案：此南越瓦也。曾傳軺、謝英伯藏甚富，余已彙拓，行將刊為專書。曾氏有「左官卒最」「左官卒犁」二印之瓦，刊入本志下期，有考釋甚詳。

冢專一不列號長一尺，廣五寸，厚一寸有半寸，平面與四側咸有雷紋，色滄赭甚堅第八圖。

第八圖

月案：全冢之甎皆如此，無砌墓中圜拱之甎恒見墓甎砌拱者，必一便厚，一便薄。且平與四側，僉有雷紋，必為宮室之甎無疑也。

冢專二不列號長八寸，廣五寸，厚一寸有八分，色黑，絕堅。平面劃「夫死□」，草書三字，在冢中厝棺之下第九圖。

第九圖

月案：此一甎，與全冢之甎質色迥殊，且在棺下，平面劃草書三字「夫死□」，末一字或釋「所」，或釋「此」，余疑其為南越王趙興之后記其夫死之

所也。

原載《考古學雜誌》創刊號，1932 年 1 月

廣東木刻文字錄存

　　前賢考古，囿於金石。千西木刻，著錄罕有，僅洪适《隸釋》[1] 載漢高
朕《周公禮殿記》[2] 刻木柱上。然既佚久，墨脱莫睹。守甫弱植，輒思搜集骨
甲竹木瓦甓封泥等，輯為金石外。顧三十來年，亦只得福建《唐天祐王大王菴
池記》，都門《元古藤題名》，雲南《大樹觀音像》，隴西《范氏屋樑題字》。其
餘牙牌書籤，小品而已。至若殷墟骨甲、流沙墜簡、齊魯封泥，與各處瓦甓，
僉有專書，毋俟贅錄。惟吾粵之南越黃腸、趙宋佛號造像，尚未有人彙編，茲
謹備錄原文，與坿鈔諸家考跋，為《廣東古代木刻文字錄存》一号，亦慦以慰
天南金石貧耳。第七十八辛未歲（1931）冬至節，月當頭夜，順德蔡守寒瓊記
於黃花考古學院。

　　南越文王胡冢黃腸題字十四章，民國五年（1916）丙辰五月十一日廣州龜
岡發見：

　　甫五　　新會譚鑣 [3] 藏

　　守案：鋪省作甫，與周旅鋪同。周旅鋪銘：「□ [4] 叔作德郡旅鋪。」甫
字復省末一點，與西漢《朱博殘碑》，第六行捕字，甫旁正同。《詩·大雅》：
「鋪敦淮濆。」注：「鋪布也。」《小雅》：「乃安斯寢。」箋：「乃鋪席與群臣
安燕以樂之。」《禮·樂記》：「鋪筵席，陳尊俎。」鋪皆敷陳之義，此乃冢中
鋪地之木也。

　　「五」字與下「六字」十四之「四」字，十五之「五」字，與西漢「五鳳
二年（前56）魯王」泮池刻石正同。

　　甫六　　同前
　　甫七　　新會梁啟超 [5] 藏

　　守案：七作十，如十。以橫畫長，直畫短，為七。與殷墟骨甲，尖足小布
幕，紀數之七字同。又漢汾陰鼎銘，大官銅壺銘，亦如此。漢乙瑛碑，凡廿七，
皆作廿十，猶存其意。

　　甫八　　台山黃葵石 [6] 藏

　　守案：八字與西漢平陰庬里麃孝禹碑 [7] 同。又下十八之「八」字，「廿」

字，與西漢趙王「群臣上醻」[8] 刻石正同。

甫九　　順德蔡寒瓊藏

守案：九字與殷墟骨甲，及古金文多合。余得此木，身毛喜豎，即馳書繆荃孫 [9]，康有為 [10] 為書《西京片木堂》額。黃質賓虹 [11]、湯滌定之為寫圖。自題一詩：「木刻千春驚不朽，厲王墓石足堪倫。佗城竟見西京字，莫歎天南金石貧。」餘木又為書几一，長八尺又六寸又八分，寬一尺又三寸又五分，厚二寸又七分。鄧萬歲爾雅 [12] 篆刻記之。

甫十　　新會林澤菴藏

守案：十字，古作丨。古金文七、十兩字多相若，但以橫畫長短別之。汾陰鼎十七，作十十，宋人誤釋為二十。阮元釋大官壺，亦同此誤。

甫□ [4] 一　　台山黃葵石藏
甫十二　　　中山李文樞 [13] 藏
甫十三　　　台山黃葵石藏
甫十四　　　新會譚鑣藏
甫十五　　　中山李文樞藏
甫十□ [4]　　新會譚鑣藏
甫十八　　　中山李文樞藏
甫廿　　　　番禺汪兆鏞 [14] 藏

廣州文廟奉祀官譚鑣上朱省長慶瀾《請保存南越木刻文字呈》：「呈為古物發見，懇請保存，以資文化事。竊職奉委廣州文廟奉祀官，經將到差日期呈報

在案。查各省文廟，多有古物收存，藉壯聖域觀瞻，而備士林研究。故京都文廟，則有周石鼓文；西安文廟，則有秦繹山碑；紹興南昌文廟，則有漢石經殘字。廣州亦吾國繁盛都會，而文廟獨濯濯無有，殊為闕事。職奉委伊始，聞有台山黃葵石、香山李文樞於廣州東郊三里許，東山廟前，購得官產龜岡一地，建築樓房，掘土丈餘，發見一南越王者遺冢。中有一堂三房，堂在房北，共深二丈四尺，堂廣一丈二尺，三房共廣一丈六尺，塚屋高八尺。上下四旁，用堅厚香楠密布。木外護以木炭，屋之上蓋，木多朽壞，房空無棺。尚有頭骨一片，手足骨數節，發掘時即信手毀棄。又有殘破木片數枚。似棺木剖毀蛀毀之餘者，銘志無存，無從得其主名。冢堂中則有周秦西漢古物甚夥，除黃葵石、李文樞，所自收回四十八件外，工人分占散沽，已無可追詰。唯其冢屋大木，尚多存在。職因兼廣東通志局員，以此事關地方重要，親往調查。悉心考察，於冢堂鋪地各木端，搜索得西漢隸書木刻文字。其可辨者，尚有甫五、甫六、甫七、甫八、甫九、甫十、甫十□、甫十二、甫十三、甫十四、甫十五、甫十□、甫十八、甫廿。初未解「甫」為何義，後詢悉此種有文字之木，為冢堂鋪地木條。乃知甫為鋪之省文，其字畫方整，間有參差，不作俯仰姿勢，純為西漢隸法。其五七九字，尚沿篆體，異於東漢諸碑。是冢雖無銘志，得此遺字，已足表示其為西京古蹟。況此尚有證據甚多：冢中古物，陶器最多，無一係隋唐以下有釉之物，形式與商周彝器多同其銅器之槃、鼎、尊、罍，亦皆周器。其尤珍尤古者至有周尺九寸穀璧一，八寸穀璧一，為周代公侯聘亨天子之所用璧。以此殉葬古物，推想其營葬時代，必距周秦尚近，又可知所葬者必為南越王者，故能有此寶器為殉葬之物。又有鏡四，職所得一為繆篆，餘皆秦篆，或大篆古文，不可盡識。瘞錢尤足為此冢時代之確證。計冢中所得古泉，有秦大半兩百餘，漢呂后八銖之半兩百餘，漢文帝四銖小半兩千餘，而漢武帝之五銖僅數枚。此外更無他種古泉，以此推知其營葬時代，必秦半兩未廢，而漢五銖已流佈，其漢武帝未滅南越時無疑。案漢武帝鑄五銖在元狩五年（前118），上距南越武王佗之死凡十九年，冢有五銖，必與佗無關。《史記》言南越文王胡，死在遣太子嬰齊入漢後之十餘年。考漢助南越擊閩，在建元六年（前138），而漢使諷越嬰齊入侍，又在其後。大約當元光元年（前133），循是至元狩五年（前118）為十六年，胡死當在其時。又《史記》言嬰齊死在元鼎四年（前113）之前，上距元狩五年凡五年，是兩王之死時代相近。正直漢武帝初鑄五銖之時。其冢皆得有五銖為瘞。然嬰齊冢，經於孫吳黃武五年發掘，事見《太平寰宇記》所引

《南越志》。則此冢當為南越文王胡者,此後尚有南越王興,然其嗣王位才一年,即為呂嘉所殺,國亦隨之而亡,未必有此木屋堅厚葬物多美之冢。《南越志》言嬰齊冢中有純鉤、干將、莫邪 [15],為周秦古劍,此冢亦有蒲璧二,穀璧二,為周秦古玉。其以古物殉葬,正事同一例。《水經注》[16]:「南越王佗死,有秘奧神密之墓。」此冢入土深至二丈餘,不為銘志,殆沿用其先王佗神秘之葬歟?職聞保存古物,為文明各國公例;遜清亦將此事編入地方自治章程,民國內務部著為通令,而存儲古物,備士林研究,又為文廟應有之事。職以為此冢之玉銅石瓦各物,非貴則破,不適於文廟陳列;惟此有文字之木,所刻乃由篆變隸之迹,為學人研究文字源流不可闕乏之質料。況海內西漢文字,存者甚少,石刻僅有五鳳、朱博、河平、天鳳數種。即銅器瓦甓,亦復寥寥。海內木刻之文字,端方得北齊高僑造板,已驚為絕無僅有。至若廣東所出土之金石,上溯至孫吳之竟,晉永嘉之甀而止,求一漢字而不可得。今竟獲見此西京木刻,誠為曠代瓌奇偉麗,驚心動魄之寶物。允足冠冕海內,無論廣東矣。烏可聽其散失耶?計此木都十又四章,於丙辰(1916)五月十一日出土,迄今已四閱月,職始偵得,委棄路傍,容易毀壞,殊為惜之!敢請鈞臺,迅予保護。援照各省文廟之例,移置廣州文廟,以資珍守,而備研究。伏祈察核批示,俾得祗遵!附呈拓本十四冞,廣州文廟奉祀官譚鑛謹呈。」

　　守案:此冢發見時,適余挈眷避亂香港,至海草已黃,肇動歸計,譚子仲鸞過我東水關橋邊寒瓊水榭,以此事相告,余輒定其為西漢遺物。譚子即舉「甫九」一木為贈,並與商定此呈文。吾友葉緣督昌熾,昔見雪峰木刻,已嘆為奇品;譬媲海錯充庖,偶一下筋,令人頓忘肉味,即以墨脫寄似,定如吳攘之熙載 [17] 之見秦度量,焚香拱揖,正色曰:「當行、止、坐、臥,觸目皆此文字也」。龔公子璱人 [18] 句云:「但恨金石南天貧」。今獲此西京木刻,可以無憾矣!況為海內無二奇品,允足炳耀寰宇也。時教育部有咨文到粵,徵集地方碑碣石刻拓本。因囑內子張傾城,精拓全部分送部,及分寄京師圖書館展掛,使國人得於金石外見西京文物,並知吾粵有此奇珍。吾粵之榮幸,當何如耶!

　　新會梁啟超任公致朱慶瀾子僑書:「表兄譚仲鸞,吾鄉篤學之士,弘識博聞,罕與倫比。頃具呈請保存南越文王胡冢黃腸木刻,事關保存古代文字,希賜留意!」

　　上虞羅振玉跀存跋:「古木刻之最壽者,宋洪文惠公《隸釋》,載漢益州太守高朕修周公祀殿記文,刻於楹柱。由初平至南宋,逾千年未朽。福州樹刻,

鑴於閩王氏有國時，今尚存人間。嘗以為宇內奇迹，不能有二也。比年辟地海東，聞粵中東山，得南越文王胡冢中有木十餘章，上有刻字，苦不能見墨本。丙辰（1916）秋殘，忽得蔡侯寒瓊寄墨脫十四栴，果為西京妙刻，古健不遜穹碑，其可珍不殊蜀中之周公禮殿。閩中樹刻，不足言矣！蔡侯書又言，近以摹拓者多，已就損漫。篋衍有初打本，屬書其耑，爰為篆首，並識語於后。願此本與此木，同不朽於天壤也！永豐鄉人羅振玉記於東山傲舍。」

　　海寧王國維靜安跋：「甲寅乙卯間守案，此冢乃丙辰（1916）五月發見，王君誤也，粵東南海人治地，得南越文王胡故冢，有大木十數章，皆長丈餘，方尺餘。每章刻甫一甫二以至甫幾十，此木有『甫十八』三字，蓋其第十八枚，余謂此梇木也。古梇用木為之。檀弓曰：『天子柏梇。』《喪大記》曰：『君松梇，大夫柏梇，士雜木梇。』是也。漢時謂之黃腸。《漢書》霍光傳：『賜梓宮便房，黃腸題湊。』是黃腸題湊，最在外也。黃腸之為木固矣，然後世或兼以石為之。周禮方相氏鄭注：『天子之梇柏，黃腸為裏，而表以石焉。』鄭君之注，蓋以漢制說周禮。其所用之石，亦謂之黃腸。余曩見浭陽端氏藏一石，上刻三十三字曰：『第九百二十五，廣三尺，厚五寸，長三尺九寸二分，熹平元年（172）十月更黃腸，橡王條主。』案此種墓石，古代已有出土者。《水經・濟水注》云：『漢靈帝建寧四年（171），於敖城西北，壘石為門，以遏渠口，謂之石門石。銘曰「建寧四年（171）十一月黃腸石」也。而主吏姓名摩滅，不可復識。』云云。實則酈氏所見石門，實後世發漢建寧舊墓石為之。酈氏誤以治石之年，為作門之年；不悟水門之銘，不得稱黃腸石也。然則黃腸本用木，後世以石，端氏藏石所云更黃腸者，更者，代也。其所云：『第九百二十五』者，即此木之所記甫一、甫二以至於甫幾十也。又曩見陽嘉元年（132）一石云：『第卅二熹平三年（174）。』一石云：『第四百四十三。』皆與此同。而此前於諸石者又數百年，可以見漢代文化，南北略同矣。」

　　番禺汪宗衍孝博跋：「民國五年丙辰（1916）五月十一日，台山黃葵石治地於廣州城東之龜岡，發見南越古冢，冢中有一堂三房，高約數尺，三房合廣一丈六尺，堂在房北。深約一丈四尺，廣一丈二尺。上下四旁，有大木數十章。相湊密築。木長丈餘，廣尺餘，端有隸書刻字。其可辨者：計有甫五、甫六、甫七、甫八、甫九、甫十、甫十一、甫十二、甫十三、甫十四、甫十五、甫十六、甫十八、甫廿，共十四章。餘皆殘破朽壞，其數不能詳。」

　　近人王國維曰：「此梇木也見王跋，此略」。言之綦詳矣。案《檀弓》鄭注：

「以端題湊也。」正義：「槨材皆從下累至上，始為題湊之向也。言木之頭相向，而作四阿形也。」釋文：「題、頭也。湊、聚也。」《漢書》顏師古注引蘇林曰：「以柏木黃心，致累棺外，故曰黃腸。木頭皆內向，故曰題湊。」今此冢上下四旁，用木累成，與鄭注、孔正義及蘇林說合。其為黃腸題湊無疑！前年秋，朝鮮總督府發掘漢樂浪郡古墓，其四周亦以方徑八寸之木為槨，與此冢略同，惜無文字耳。

惟近人楊樹達撰《漢書補注補正》[19]謂：「黃腸用石為之。蘇林說以『柏木黃心致累棺外』，非也。」此殆未知黃腸本用木，後世易以石也。北京大學考古室藏黃腸石七事，其六為永建物，其一無年月。浭陽端氏有一石為建寧物，與王國維引端氏藏熹平二石，陽嘉一石，皆後漢物而已。

考海內古木刻之最壽者，宋洪适《隸釋》載漢益州太守高朕《修周公禮殿記》，刻楹柱上，由初平至宋，逾千年不朽，今已不存。其存於今者，端氏藏北齊高僑造板木寫字，滇南吳道子大樹觀音像，閩縣唐天祐王大王庵池記，韶州南華寺宋慶歷木刻造像記，隴西慶陽郡范純仁屋樑題字，都門民舍古藤元大德題字，皆北齊以後物。況漢木刻在宋時，已稱絕無僅有，今西漢黃腸木刻，去宋時又數百年。誠曠世奇寶，足以冠冕海內矣。（待續）

【注釋】

[1]《隸釋》，宋洪适著。《隸釋》為宋代金石學著作，是中國現存最早集錄漢、魏及西晉石刻文字專著。凡 27 卷，南宋乾道三年成書。編者洪适酷嗜漢碑，開集錄石刻文字之先，將所見漢碑之隸書改用楷書釋定寫出，對異體字則保留原狀。錄文後附加有關考釋，詳注石刻中所涉及史實、人物、石刻形制、所在地等。洪适，詳見《附錄 蔡守與古人交流考》。

[2]《周公禮殿記》，西漢景帝時蜀郡太守文翁在成都立官學，建學宮，後屢遭焚毀。東漢末年重建，學宮內文翁祠改為「周公禮殿」，梁上和木柱均有題字，梁上題字曰「文宣及七十弟子」，木柱題字「漢安平五年蒼龍甲戌昊天季月，修築周公工禮殿」。《金石錄》「第一百九十四 漢周公禮殿記 題初平五年九月」。

[3] 譚鑣，詳見《附錄 蔡守與時人交遊考》。

[4] □，原文字缺。

[5] 梁啟超，詳見《附錄 蔡守與時人交遊考》。

[6] 黃葵石，詳見《附錄 蔡守與時人交遊考》。

[7] 平陰庞里麃 biào 孝禹碑，現代正名為「平邑成里麃孝禹」，刻於西漢成帝河平

三年（前 26）。高 147 釐米，寬 45 釐米。圓形碑首，上刻粗花紋屋形，下有兩鳥相對，左為鶴，右己泐，均陰刻。碑文隸書，2 行 15 字，有界欄。右行刻「河平三年（前 26）八月丁亥」8 字，「平邑成里麃孝禹」左行刻 7 字。該碑形制較為原始，銘文簡短，然而卻是中國已知最早的真正意義上的「碑」，也被稱為「漢碑之祖」。同治九年（1870），時任山東泗水知縣的宮本昂在平邑治河時，於土堤中發現此碑。「麃 piao」，姓氏。

[8] 群臣上醻刻石，長約 130 釐，寬約 25 釐，篆書一行 15 字，釋文曰「趙廿二年八月丙寅群臣上醻此石北」。西漢早期為數不多的石刻文字。

[9] 繆荃孫，詳見《附錄 蔡守與時人交遊考》。

[10] 康有為，詳見《附錄 蔡守與時人交遊考》。

[11] 黃質，即黃賓虹，詳見《附錄 蔡守與時人交遊考》。

[12] 鄧爾雅，詳見《附錄 蔡守與時人交遊考》。

[13] 李文樞，詳見《附錄 蔡守與時人交遊考》。

[14] 汪兆鏞，詳見《附錄 蔡守與時人交遊考》。

[15] 純鉤、干將、莫邪，古代寶劍名。純鉤，相傳為春秋時人歐冶子所鑄。亦名「淳鈞」。

[16]《水經注》，40 卷，魏酈道元著。全書 30 多萬字，詳細介紹了我國境內一千多條河流以及與這些河流相關的郡縣、城市、物產、風俗、傳說、歷史等。還記錄了不少碑刻墨蹟和漁歌民謠。文筆雄健俊美，既是古代地理名著，又是山水文學的優秀作品，是一部具有文學價值的地理著作。

[17] 吳攘之，即吳熙載，詳見《附錄 蔡守與古人交流考》。

[18] 龔子瑟，即龔自珍，詳見《附錄 蔡守與古人交流考》。

[19]《漢書補注補正》，楊樹達著。楊樹達，詳見《附錄 蔡守與時人交遊考》。

原載《考古學雜誌》創刊號，1932 年 1 月

壺雅 [1]

泡茶用壺，始自何時？頗難考證！但蘇子由 [2] 煎茶詩：「相傳煎茶只煎水，茶性仍存偏有味。」郭元登 [3] 西屯女詩：「解鞍繫馬堂前樹，我向廚中泡茶去。」可證宋元已用壺泡茶。泡茶既用壺，則陽羨為產茶地，且有美壤，因而製壺。故梅宛陵 [4] 詩有「紫泥新品泛春華，雪貯雙砂罌」之句。又周履道、

馬孝常《荊南倡和集》[5]及永春侯王清真與姚少師獨庵、釋南洲[6]鬥茶會，茶具多稱陽羨紫砂者，並可證宋元間宜興早有砂壺之製，若云自金沙僧[7]始，殆未深考耳。

蔡司霈《霽園叢話》[8]云：「余於白下獲一紫砂罐有『且喫茶，清隱』草書五字。知為孫高士遺物，每以泡茶，古雅絕倫。」案《松江府志》：「孫道明[9]，字明叔，號清隱，華亭人。隱於九峰三泖間。博學好古，藏書萬卷。遇秘本輒手自鈔錄。築映雪齋，延接四方名士，校閱為樂。又造一舟曰『水光山色』，徜徉南甫。嘗與陶南村[10]共汎。南村製詞，明叔倚洞簫吹之，與櫂歌相答，極漚波縹緲之思。」又案海昌查檼亭藏《南部新書》[11]，有明叔跋云：「洪武五年歲次壬子，仲夏九日乙卯，在華亭集賢泗北村居且喫茶處寫畢，清隱老人時年七十有六。」亦可證宜興砂壺不自正德間始。

宋呂晦叔[12]《癭木壺詩》：「天地產眾材，任材為之智。棟桷與楹杙，小大無有棄。方者以矩度，圓者中規制。嗟爾木之癭，何異肉有瘰。生成擁腫姿，賦象難取類。鑾括所不施，鉤繩為爾廢。大象睨而往，惻然乃有意。孰非造化功，而終朽不器。剞劂應其中，朱漆為之偽。鄭漿挹酒醴，施用惟其利。犧象非不珍，金罍豈不貴。設之於楹階，十目肯注眄。幸因左右容，及見謂奇異。人之於才性，夫豈遠於是。性雖有不善，在教之揉勵。才亡不可用，由上所措置。飾陋就其長，皆得為良士。執一以廢百，眾功何由備。是惟聖人心，能通天下志。」主君寒瓊用其元韻以題宜興儲南強[13]藏供春樹癭壺曰，「曩歲買砂壺，自笑太不智。竹節與梅根，每遇輒輕棄。不道龔供春，竟有此奇製。石以醜見稱，木豈癭為贅。九朽至一罷見《畫繼》，取形畫相類。絕技師造化，規矩自可廢。八凹九凸旨瑞州大愚守芝禪師問『如何是為人』一句，師曰『四角六張』。曰『意旨如何』？曰『八凹九凸』，佛說為人意。項氏《名瓷圖》，亦載有二器。製造太纖巧，我固疑是偽。簡翁獲真品，聚道詎謀利。倭奴爭來求，千金未云貴。倘遊罨畫溪，欣賞定出眄。剞劂必天然，妙手與眾異。明人喜草蒙，款識應如是。為誦晦叔詩，諦玩相勉勵。當年歸春樓吳氏重得此壺，有『歸春樓記』記之，早自善標置。抱殘守闕者，愨齋好古士。人間難再得，失蓋寧求備。伯高寶康瓠，我亦有斯志。」又胡金竹方亦有詩云：「不材原自處，擁腫復污窪。卻作天成器，翻因病見嘉。輕虛無瓴仄脆，紋理謝鎣華。未為風聲竹，長隨潁水涯。」又昔年趙石禪老人藩[14]為張心瓊光蕙[15]銘樹癭壺曰：「茗柯茗，癭瓢癭。剖癭而貯茗香永，活火寒泉喧石鼎。詩味餘甘回舌本，非我佳人妙誰領。」均佳

絕，因並錄之。

主君寒瓊曩客宣南，訪袁寒雲 [16] 公子於「流水音」，見一紫砂壺，底署「寒綠堂，彭年」五字。作魯公書，殊秀勁。無「阿曼陀室」印，古拙亦不類乾嘉間物。浹辰偶讀《士禮居藏書記》[17] 林和靖 [18] 詩有彭年 [19] 跋云：「此集為瓠庵相國所藏，標題尚公手跡也。嘉靖戊申春禮部陸君購得之以遺余。隆池山樵彭年書於寒綠堂。」又案《蘇州府志》：「彭年，字孔嘉，父昉。正德辛未進士。年性穎異，嗜讀書。詩宗盛唐。精法書，宗顏歐。」因以告寒雲。寒雲為之狂喜，以檀函珍弄。主君為之題識。寒雲歿後，藏器散逸，不知流落誰家耳。

少時過豪賢街廣州城北江東孫宅見諸太夫人文標女名慕貞 [20]，字淑宜。寫紅梅雅絕有致，有一紫砂壺，底刻小楷「香修」二字，極精雅。偶讀陳文述《碧城仙倌詩》[21] 有「香修詞」。為嚴蕙榜名元照 [22]，字久能作。香修 [23] 姓張氏，初名秋月。幼媵於無錫嵇相國家。蕙榜娶於嵇，乃謀諸中閨而牉合焉。且援《十六觀經》戒香薰修之語，字之曰香修。華秋槎 [24]、屠琴塢 [25] 為寫《秋江載月》團扇貽之。蕙榜因以畫扇名齋。始知為張秋月傳器。未知今尚在人間否？思之惘然。又見清風橋金天吉脂粉店之太夫人用一紫砂小壺，底刻「龍井新茶白沙泉。益臣製」十字。今歸潘氏玉連環室。又見姚得賜夫人藏瞿子冶 [26] 為張春水、陸璞卿夫婦作茗壺。又見叔芷贈芙初一壺。銘曰：「美人隱於茶，性與茶不異戴昺詩。」考叔芷為相城方勤襄公第五女，名若蘅，號畹芳。芙初為張芙川蓉鏡室姚畹真，皆玉臺壺史也。

陽羨儲簡翁藏朱石梅 [27] 為茗香製一壺。壺身刻梅花殊清雋。並有郭頻伽 [28]、陳曼生 [29] 銘，洵俊物也。考茗香 [30] 為宋大樽，又字左彝。陸素生贈詩云：「我言君豈是梅精，雙眉瘦通梅根節。清詞妙緒出無窮，何以霏霏落香雪。」又言：「君返超山麓，自採梅花煮香粥。我家芋魁養徑尺，煨火旋煨腴勝肉。小隔百里便往來，如共山牕聽風行。」茗香好梅，故茗壺亦刻梅花也。

明清名賢雅尚茗飲，各延名手為制砂壺。如孫明叔道明，姚潛坤諮 [31]，柳大中僉 [32]，項子京元汴 [33]，趙凡夫宧光 [34]，楊崑木中訥 [35]，彭孔嘉年 [36]，顧大有元慶 [37]，馬寒中思贊 [38]，孫隱谷宗濂 [39]，蔣惠堂叔瀛 [40]，項不損真 [41]，汪碧巢森 [42]，汪柯庭文柏 [43]，陳仲魚鱣 [44]，宋茗香大樽，尤水村蔭 [45]，屠琴塢倬，喬鷺洲重禧 [46]，陳曼生鴻壽，郭頻伽麐，朱石梅堅，瞿子冶應紹，蔡少峰錫恭，鄧符生奎，吳清卿大澂，張香濤之洞，端午橋方等，皆有製壺之雅事。

吾粵則有胡金竹方 [47]，源益否謙 [48]，伍春嵐元華 [49]，潘德輿仕成 [50]，蔡春帆錦泉 [51]，蔡藥樵愷 [52] 並延攬名手來粵仿造雅製。伍氏喜摹供春曲流奇巧之品，潘氏則仿徐次京 [53]，鄭寗侯 [54]，僅鈐一「潘」字小印於壺蓋之外口，啟蓋方見，為製壺者。或云馮彩霞也。胡氏傳器未得原因，源氏亦僅見其家世守一白泥方壺，益否為乾隆間人，亦將二百年也。

比來李鳳坡景康，張谷鄒虹有《陽羨砂壺圖考》[55] 之輯，主君與予為搜羅壺史以佽之。粵中朋儕藏壺者，如區夢良 [56]、唐天如 [57]、陳伯任 [58]、李茗柯 [59]、潘薺園 [60]、陳少白 [61]、李子雲 [62]、黃慕韓 [63]、馬晚聞 [64]、何覺夫 [65]、盧子樞 [66] 僉有俊物。金粟香《海珠邊璅》[67] 云：「偶過隨山館，見一紫砂小壺，署『鴻桷清玩。金竹子』七字，知為胡大靈方遺物，可寶也。」按胡金竹《詠壺詩》有：「器具資烹啜，陶師巧埴埏。緻工文以劇，雅道樸為先。鐺薄腹垂瓠，爐瑩角坼蓮。杯容唯半口，壺限但如拳。」知吾粵清初已尚小壺也。

相傳吾粵潘仕成、伍元華、蔡錦泉愷三家茗壺，皆延攬宜興壺工名手馮彩霞或疑為春嵐之婢，非也來粵所製壺，泥亦採自荊溪者，或云取諸萬松園山麓廣州河南伍氏園，莫能斷定。然粵人碻用粵泥造壺者，惟釋湘溪乎？海幢寺僧湘溪善造煙斗，嵌金之精巧，刻畫之工細，有煙緞癖者，僉能道之。偶以其造煙斗之泥而為小壺，亦精巧絕倫。惜傳器不多，僅南海黃慕韓裔得一事，珍愛如護頭目，秘不示人。

朱石楳堅以錫壺名於時。間作砂壺，亦殊精雅。夢園藏其硃泥笠樣一壺，用陳曼生銘而署石楳款，鋬下有「彭年」二字小印，底有「味無味齋」印。夢園云繇來以茶事名齋者罕有若是之典雅。

昔有以白泥小方壺來求售，謂是楊彭年製者，索鉅直。造工雖精，然非阿曼陀室物。底鈐「彭年」篆書二字方印，蓋內鈐「匋廔」二字隸書小長方印，知為貴築黄子壽 [68] 傳器。考子壽，諱彭年，曾開藩吳中，獎掖寒畯，惟恐不及。子國瑾，字再同，翰林院編修。藏書亦甚富，其遺物固可寶也。但不肯折閱，未能購得，至今惜之。

趙宧光，字凡夫，太倉人。棄家廬墓，與配陸卿子偕隱寒山，手闢荒穢，疏泉架壑，善自標置，引合勝流。而卿子又工於詞章翰墨，流佈一時，名聲藉甚。高人逸妻，靈真伴侶，不可梯接也。凡夫並精篆學，摹刻秦漢璽印二千餘紐，為印譜十二卷。凡夫手自為序，后世珍之。卿子為姑蘇陸尚寶師道之女。

師道善詩，工小楷古隸，傍曉繪事，人謂文待詔四絕，不減趙吳興。而師道約略似待詔，而風尚亦相亞。嘗遊宜興玉女潭，詩有「帝命主茲山，功成有申錫」之句。壺工申錫之名，即取此意。張公洞、善權洞詩有「乃知仙客煉五石，故遺神功開六丁。採時靈液尚流地，至今餘乳能延齡」之句，皆指造壺之泥。凡夫倩人製壺，當在其時也。

嘗得笙形砂壺，造工精妙絕倫。倩當世壺工名手仿製，為盧子樞銘曰：「瓶笙昔取聲，笙瓶今取形。玉川子請董雙成。」為李鳳坡銘曰：「東坡瓶笙，喜聞其聲。鳳坡笙瓶，欣賞其形。」為區夢良銘曰：「丹泉沸，丹蛟鳴《西都賦》丹蛟吹笙湯神。養氣樂長生。」為姚得賜夫人銘曰：「校綠茶，歌白華。美人時吸隔桃花謝榛詩『時隔桃花吸鳳笙』。」又銘：「美人茶隱，其樂由房。雲和一奏，中心翔翔。」又銘：「衣赤采《淮南子》『孟夏之月居南宮，衣赤采吹笙』，策茶勳。纖纖捧秦韜玉詩：『纖纖軟玉捧暖笙』，樂嘉賓。」又銘：「纖纖軟玉董雙成，雲和奏罷松風鳴。善調詩腹詩自清。」七銘各鑴壺底，分貽朋儕，亦壺史雅事。

鄧渼 [69]，字遠遊，號蕭曲山人，江西之新城人也。萬歷戊戌進士，除浦江知縣，調秀山。召為河南道御史。萬歷庚戌巡按雲南，出為山東副使，歷參政按察使，以僉都御史巡撫順天。天啟乙丑忤魏奄，遣戍貴州。崇禎初赦還。未及用而卒。有《大旭山房》《留夷館》《文遠堂》諸集。何覺夫藏文遠堂硃泥茗壺，攜過牟軒。適方矓仙寄示《鄧遠遊滇茶百韻詩》，同時欣賞。主君寒瓊詩曰：「遺詩傳器能遙集，欣賞同時笑語喧。壺表孤忠三百載，茶稱十德一千言。為花吐氣多奇句，煮茗招魂與細論。莫道精靈託微物，須彌芥子有乾坤一作『此中日月樂無垠』。」

提梁砂壺以仿東坡石銚者為多尤水邨喜仿石銚硬耳提梁壺，及軟耳提梁，皆中大壺。而小壺則絕罕覯。日昨胡次卿夫人贈軟耳提梁硃泥小壺，乃絕無僅有者。底有「乾隆年製」篆書四字橢圓小印，印文亦極精雅。且壺內茶繭殊厚泡茶年深，壺內茶漬名曰茶繭，洵百年來傳器，可愛也。因以銀絲穿古玉小珠為耳。用曹溪北宋造像楠木為函，作行篋茶具俊物，忻喜無量。

滇南趙公石禪云：「昔於蜀中嘗得陳曼生一壺，銘曰『青山個個伸頭看，看我菴中喫苦茶。』」比來邑子陸氏示我硃泥方壺，底亦鑴此二語。款署「公之坦」。鈐下有「瓦山」二字橢圓小印。考嘉興吳履 [70]，字竹虛，號公之坦。又有「瓦山野老」「苦茶和尚」之稱，工詩畫。嘗自寫其五言律詩鋟板，名「苦茶僧二十五首詩」。曾賓谷贈詩有「百味如嚼蠟，但以茶療饑。枯腸日灌澆，

清氣融肝脾。有時出芒角，寫畫兼賦詩」之句。酷耆茗飲，亦可想矣。主曲阜孔㵎谷家最久。晚年歸里，曳朱履，好奇服。每出遊，攜豔妾以行，眾目駭怪。君放誕自若，亦振奇之士也。又與胥燕亭 [71]、唐陶山 [72]、蔣藕船 [73]、郭厚菴 [74]、汪瀚雲友善 [75]。錢叔美 [76] 跋其山水冊云：「竹盧山水妙絕一時，是冊尤得元人冷趣，翛然絕俗。非時史所能夢見。其中《秦淮圖》及《宋人詩意》兩葉，使南田見之，亦當斂手傾倒。」如此，觀其傳器，寧勿令人把玩，不忍釋手乎。

　　蘭泉 [77] 拓其世守之潘壺全形，補畫荔支。索主君寒瓊題詩。詩云：「消夏攜壺入荔灣荔支灣，廣州城西，為邦人避暑之處，傳家家寶對家山潘仕成海山仙館遺址在荔支灣。鬥茶十八孃妝閣荔灣消夏處有十八孃妝閣，潘氏原籍乃福建泉州也，爭解羅襦鏡檻間。彩霞載土來南海相傳潘、伍、蔡三家延宜興名手馮彩霞載土來廣州，質色何殊陽羨窰。潘仕成伍元革蔡錦泉愷壺同一手，道光傳器仿明朝。」區夢良和匀云：「味不耽閣蘭泉藏壺齋名據海灣蘭泉居香港灣仔，龔供春侍吳頤山。每談佳果添佳話，故繪荔枝茗注間。君家故物吾曾得夢良亦藏潘壺，紫砂硃泥兩事，朱紫胎堅媲汝窰。異代蕭條文獻在，論交時與話前朝。」鄧爾雅和匀云：「名園遺跡荔支灣，絳色羅襦夢海山。舊館仙家賸文采，叢書千卷在人間。陽羨茗壺傳統系，紫泥精品敵哥窰。龔春失考時大彬難再，當以君家殿勝朝。」裝為卷子，更徵題詠，亦壺史一雅事也。

　　百壺居士李鳳坡景康得石林中人一壺。疑為檇李蔣石林傳器，顧未獲碻證。日前朱玉蘭寄示繆頌墨梅題云：「嘉慶甲子九年春海外歸來，與曾園六如同遊張公洞，以葛子厚為製之茗壺，試玉女泉案宜興張公洞甘泉精舍前有玉女潭，茶讌樂甚。畫似六如陳子，用志勝事。石林中人繆頌並識下有『石林中人』白文方印。」據此定為繆頌遺物無疑。案《墨林今話》載繆頌，長洲人。編修文子先生曾孫，工詩善山水，為王二癡弟子，名噪都中。嘉慶壬戌七年隨星使往琉球歸故有海外歸來之語，詩益放縱，畫益超脫。王椒畦極推許之。又山塘顧氏歌樓有石林畫梅絕佳，觀此良信。『百壺居』又有陳六如壺及子厚造壺，都未考得。據此畫題款，知六如迺石林之友。子厚，姓葛氏。為乾嘉間宜興名手。石林、六如之壺，皆伊所造。所謂問一得三。舉語百壺居士，同為欣快於無窮無窮也。朱玉蘭知余有《玉臺壺史》之輯，寄示唐孝女 [78] 壺景本。底有「道華奉貽，素霞永用」小楷八字，精湛絕倫。考唐孝女，無錫人。名素，字素霞。早歲失恃，兄弟繼之。矢志不嫁，垂簾鬻畫，養父終身。乾隆中旌其廬，年七十餘卒。其《百花

圖卷》，當代名公題詠，不下百家，誠巨觀也。昭文席道華 [79] 夫人贈詩云：「白華朱萼畫鮮明，換取鱸魚手作羹。家在慧山山下住，慧泉應改孝泉名。風木銜悲泣鏡臺，白頭孺慕尚嬰孩。北宮之女今無恙，親拜宮中詔問來。欲寄生綃乞作圖，備余閨閣細臨摹。圖中不綴閒花鳥，只寫貞松與孝烏。」考道華名佩蘭，孫子瀟原湘室，工詩。有《長真閣集》。又解寫蘭，與子瀟偕隱仁和。錢松壺為畫《隱湖偕隱圖》，出遊必攜。題詠至夥云。此壺詢可寶貴也。

　　邑子張谷劵虹比日得碧荷香館砂壺一事，底印篆書印「碧荷香館」四字，蓋內有「彩霞」長方朱文正書印。考為嘉道間順德舉人張青選 [80] 傳器。況出名手雅製，益可珍玩。昨夕與主君過訪畫友李硯山居端 [81]，出示彩霞紫砂小壺，亦精湛宜人。但謂馬三云：「曾見彩霞壺而署雍正年號者，以證彩霞為雍正間名手」，則絕謬。因近日宜興吳某仿造古壺，隨手偽刻康雍間款識，非有所本而臨摹也。

　　日前過孔夫人賀歲，春雨深幃，談藝殊樂。素知其家多奇珍，偶以砂壺為問。夫人召我入燕處，出一繡檀小匣，匣面雕隨園語「紅霞仙杵，白玉縣團」篆書八字。錦茵重裹，白泥茗壺，製造巧妙。頓入眼中，驚為奇秘，真令人觸手欲嚌也。壺堅質如玉，古澤如膏。壺身作乳形，極築脂菽發之致。壺蓋紅的若處子情動時，乳頭微凸。下作主腰即捫胸半褪，以繡帶為鍪。主腰刻宋錦花紋，工麗無匹。其流即壺嘴也作身根形，祇露寸許。器偉而不醜惡，惟妙惟肖。雖抱香子秘藏之古玉身根，亦莫可與京。主腰半裹下，尚隱隱可見。主腰之釦，作古玉臥蠶紋，中藏「小玉」二篆書。鍪下錦紋中藏「嬝嬛」二篆書橢圓小印。蓋之合口甚深，有「武林梁氏」篆書朱文小長方印。底刻小隸書七字曰「三秀祠祭器，第三」。又刻蠅頭小楷十一字曰「金莖甘露玉乳香，谷九郎題」。夫人云伊夫婿曩歲于宣南以三千登來。儷以羊脂白玉水中丞，亦作乳形。大小與壺相若，用雙桃花色碧霞犀為的，以充茶瓶兒。又乾隆大婚時瓷杯一雙，畫陰陽二器者，皆閨房秘玩，從未示人也。考梁小玉 [82]，武林人。七歲依韻賦落花詩。八歲摹大令帖。長而遊獵群書，作《兩都賦》，半載而就。著《嬝嬛集》二卷。其冷香字韻詩云：「落月已隨蘭篆冷，飛花尤逗酒杯香。溪流白髮雲鬢冷，雨洗苔痕翠袖香。鬥草春風書帶冷，採菱秋水鏡花香。雨掩梨花春夢冷，風吹荷葉晚妝香。蘆荻洲中風韻冷，豆花棚下雨痕香。氣無煙火神皆冷，骨有煙霞髓亦香。」皆麗句也。至其語風懷，陳秘戲，流丹吐齊，備極媱靡。高仲武所云「既雌亦蕩」，不如是之甚也。宜其有斯壺之妙想。又嘗商略古今名娃，

奉薛濤為盟主，以蘇小小、關盼盼配享絳雲樓主人謂，宜以李季蘭、魚玄機易置之，斯應此祀典耳。余亦云然。顏曰《花壇三秀之祠》，歲時奠而酹之。鄉嬛自為主祭，故斯壺乃祠之祭器。但谷九郎無可考。主君戲曰「其為德音乎元《上官婀娜傳》」，余嗔曰：「君何其譃而太虐邪。」

明清以來，不獨吾國士大夫雅尚砂壺，聞日本、朝鮮、安南三國名流，亦多嗜茗飲，研求茶具。且有以鉅金來陽羨定製砂壺者。但流彶祖國則絕尠。主君云：「昔年嘗見南社朝鮮社友申晛觀檉[83]秘笈有硃泥方壺，製造精雅。底刻『許景樊宜用』行書五字，蓋內有『蘭雪』二字楷書小長方印。鋬下有『拙谷』篆書小印。茶繡濃厚，洵二三百年傳器。申氏謂是世守玩秘。申氏被害後，不知此壺流落何許耳。」考許蘭雪，名景樊，朝鮮人。其兄筠、篈皆狀元。八歲作廣寒殿玉樓上樑文，才名出二兄之右。適進士金成立，不見愛於其夫，金殉國難，許遂為女道士。金陵朱狀元奉使東國，得其集以歸，遂盛傳於中夏，其傳器安得不珍視乎？

以砂壺造胎而外嵌螺鈿，或彫漆者，真希世之珍也。少時曾在陳簡持昭常之寵姬鹿鳴菴尼耶須處見一方壺，內紫砂胎，壺內之底有「鳴遠」一印，篆書朱文，甚精湛。外黑漆嵌螺鈿，流與鋬兩面作折枝花，揀取螺鈿深碧淺紅之色，分配為花與葉，備極巧思。左右兩面嵌人物，似是《玉簪記》中《偷詩》《茶宴》兩齣故事，極燕寢娛情之致。几案屏帷，文房珍玩，亦分選螺鈿之色配成，精巧絕倫。壺蓋作漢方鏡花紋，尤為古雅。鋬上嵌「妙慧菴」小篆三字，亦娟秀可喜。底嵌一印「姜千里[84]造」小楷四字，作瘦金書。又一壺白泥胎，外作硃紅雕漆，仿古提梁卣，雲雷紋極精細。此壺猶在陳之妻弟張筱塘處。唯姜壺則不知流落誰家耳。

泡茶貴砂壺，砂壺能結茶絸，絸逾厚而茶香逾濃。獨龍井茶取其味滑香清，砂壺弗宜。余每以沈瑩中之水晶小壺泡龍井茶，見其旗槍碧綠，泛於壺中，至可玩也。但粵中只有初寄來明前之茶才有此色味。匝月後色味俱變，已不堪飲，更不堪玩也。此壺底有「沈氏瑩中[85]」篆書小印。考沈瑩中，名瓊蓮，烏程人。世傳富民沈萬三之後。有廷禮者，父子皆仕於朝。瑩中以父兄之素，得通籍掖廷。嘗試《守宮論》，其發端云：「甚矣，秦之無道也，宮豈必守哉。」孝廟悅，擢居第一。給事禁中，為女學士。至今吳興人稱為女閣老。其宮體諸詩，不遜婕好、花蕊。其傳器更足多矣。

曩歲主君隨李雪生大將軍根源領海疆軍入瓊厓。瓊厓產椰子，其殼製器絲

來為士大夫雅尚。主君聘得製椰器名手丁少瑾 [86]，自繪圖式，督其仿造，多稱意。揀選最老椰殼，質至堅韌，色如玳瑁黑白相間者，截之成半圓形，以作壺身。不車圓，但磨治滑澤，揀其升眼為流百數年老椰樹，其子無瓤，尖細而長，土人呼為椰子升眼。用為壺嘴最宜。四角刻椰殼為四環，貫以椰殼珠作頓耳提梁，內鑲以銀。用泡笆音岐，瓊厓黎人種族之一茶最為精雅。迄今十數年仿造不絕，稱為蔡壺云。嘗得一白色奇形椰殼，狀類石銚，其堅亦如石。得更白色升眼用作流。鏊銘曰：「木可飲椰子稱飲木，年可引。」珍弄不輕示人。

曹夫人藏一明青花瓷壺，繪歸來堂覆茶故事。底有「夏雲英 [87]」印，鏊有「端清閣」三篆書。考雲英，為明周憲王宮人。憲王誌其墓曰：「雲英，山東莒州人。五歲能誦《孝經》，七歲學佛，背誦《法華》《楞嚴》等經。琴棋音律，剪製結簇。一經耳目，便皆造妙。姿色絕倫，淡妝素服。雖仙姝不足多也。年十三，選為周世子宮人。元妃呂氏薨。爰專內政。國有大事，多與裁決，明白道理，有賢明婦人之風。余嘗令詠鵲詩。雲英以箴進，戒余勿畜之以傷生，其因事納規如此。年二十二，屬疾退房。求為尼，以了生死。受菩薩戒，習金剛密乘。法名悟蓮。不二載，洞明內典。永樂十六年六月，作偈示眾吉祥而逝。年二十有四。雲英端正溫良，居寵能畏。雅好文章，不樂華靡。嘗取《女誡》端操清淨之義，名其閣曰《端清》。有《端清閣詩》，又著《法華經贊》七篇。」其遺物寧不珍比球琳乎？

兄鍾嘯府主君第三胞兄名為珍，亦有壺癖。藏名壺不鮮，尤以陳用卿 [88] 雙壺稱絕品。初兄鍾於宣南以千五百金得用卿紫砂鉅壺一事，壺身竹刀刻款明壺皆用印在底，只用卿刻款壺身。「秋水共長天一色。丁丑年用卿。」草書四行，其筆法刀法均與道光己亥馬傳邑起鳳所拓用卿壺「瓦瓶親汲三泉水，紗帽籠頭手自煎。丁丑年用卿」款署正同。考丁丑為崇禎十年，碻係明朝傳器。欣賞不置。嗣在戹讀，又見一事，質色大小皆相若。刻「山中一勺水，可清天天心。用卿古式」草字四行，筆法亦同。索直二千金，亦不得不購歸，以成延津之劍。自榜其藏壺處曰「卿卿閣」。考陳用卿製器，與時大彬 [89] 同工。尤善作大壺，而年伎稍後。負氣尚義，嘗罣吏議，在縲絏之中。時人目之為陳三獃子。式尚工致，其為圓珠、蓮子、湯婆、缽孟諸款，不規而圓，已極妍飾。署款仿鍾太傅帖意，論者謂其落墨拙，落刀工。信不誣也。吳梅鼎《陽羨茗壺賦》云：「尚彼渾成，僉曰用卿醅飾。」觀此雙壺益信。但明代多此鉅壺，實於泡茶弗宜，世人呼之曰水壺，或果為蓄泉之用耶。余亦得一紫砂鉅壺，質潤如玉，制度古

雅。鋬、流、蓋、的，尤為大方，底有兩印。上「荊溪」二篆書平列橢圓印。下「邵旭茂製」篆書方印淺鈐而精，似唐孝廉天如所藏陳鳴遠壺印之鈐法。「旭茂」雖不可考，然必為明代傳器無疑。

原載：《國學論衡》1934 年第 3 期，第 4 下期、第 5 下期

【注釋】

[1] 壺雅，蔡守在《牟軒邊瑣》中說道「室人談月色與余同有壺癖。所撰《壺雅》頗多異聞」。

[2] 蘇子由，即蘇轍，詳見《附錄　蔡守與古人交流考》。

[3] 郭元登，即郭登，詳見《附錄　蔡守與古人交流考》。

[4] 梅宛陵，即梅堯臣，詳見《附錄　蔡守與古人交流考》。

[5]《荊南倡和集》，即元周砥、馬治同撰。詳見《附錄　蔡守與古人交流考》。

[6] 永春侯、王清真與姚少師獨庵、釋南洲，都是明初人。永春侯，即王寧，詳見《附錄　蔡守與古人交流考》。王清真，詳見《附錄　蔡守與古人交流考》。

[7] 金沙僧，詳見《附錄　蔡守與古人交流考》。

[8]《霽園叢話》，清蔡司霑撰。蔡司霑，詳見《附錄　蔡守與古人交流考》。

[9] 孫道明，詳見《附錄　蔡守與古人交流考》。

[10] 陶南村，即陶宗儀，詳見《附錄　蔡守與古人交流考》。

[11]《南部新書》，10 卷，北宋錢易撰。錢易，詳見《附錄　蔡守與古人交流考》。查檻亭，詳見《附錄　蔡守與古人交流考》。

[12] 呂晦叔，即呂公著，詳見《附錄　蔡守與古人交流考》。

[13] 儲南強，詳見《附錄　蔡守與時人交遊考》。

[14] 趙石禪老人藩，即趙藩，詳見《附錄　蔡守與時人交遊考》。

[15] 張心瓊，即張光蕙，詳見《附錄　蔡守與時人交遊考》。

[16] 袁寒云，即袁克文，詳見《附錄　蔡守與時人交遊考》。

[17]《士禮居藏書記》，清潘祖蔭輯。潘祖蔭，詳見《附錄　蔡守與時人交遊考》。

[18] 林和靖，詳見《附錄　蔡守與古人交流考》。

[19] 彭年，詳見《附錄　蔡守與古人交流考》。

[20] 諸慕貞，詳見《附錄　蔡守與古人交流考》。

[21]《碧城仙館詩鈔》，10 卷，附錄 1 卷，清陳文述著，清宣統三年（1911）上海國學扶輪社鉛印本。陳文述，詳見《附錄　蔡守與古人交流考》。

[22] 嚴元照，詳見《附錄　蔡守與古人交流考》。

[23] 張香修，詳見《附錄　蔡守與古人交流考》。

[24] 華秋槎，即華瑞璜，詳見《附錄　蔡守與古人交流考》。

[25] 屠琴塢，即屠倬，詳見《附錄　蔡守與古人交流考》。

[26] 瞿子冶，即瞿應紹，詳見《附錄　蔡守與古人交流考》。

[27] 朱石梅，詳見《附錄　蔡守與古人交流考》。

[28] 郭頻伽，即郭麐 lin，詳見《附錄　蔡守與古人交流考》。

[29] 陳曼生，即陳鴻壽，詳見《附錄　蔡守與古人交流考》。

[30] 茗香，即宋大樽，詳見《附錄　蔡守與古人交流考》。

[31] 姚潛坤，即姚諮，詳見《附錄　蔡守與古人交流考》。

[32] 柳大中，即柳僉，詳見《附錄　蔡守與古人交流考》。

[33] 項子京，即項元汴，詳見《附錄　蔡守與古人交流考》。

[34] 趙凡夫，即趙宧光，詳見《附錄　蔡守與古人交流考》。

[35] 楊端木，即楊中訥，詳見《附錄　蔡守與古人交流考》。

[36] 彭孔嘉，即彭年，詳見《附錄　蔡守與古人交流考》。

[37] 顧大有，即顧元慶，詳見《附錄　蔡守與古人交流考》。

[38] 馬寒中，即馬思贊，詳見《附錄　蔡守與古人交流考》。

[39] 孫隱谷，即孫宗濂，詳見《附錄　蔡守與古人交流考》。

[40] 蔣惠堂，無考。

[41] 項不損，即項真，詳見《附錄　蔡守與古人交流考》。

[42] 汪碧巢，即汪森，詳見《附錄　蔡守與古人交流考》。

[43] 汪柯庭，即汪文柏，詳見《附錄　蔡守與古人交流考》。

[44] 陳仲魚，即陳鱣，詳見《附錄　蔡守與古人交流考》。

[45] 尤水村，即尤蔭，詳見《附錄　蔡守與古人交流考》。

[46] 喬鷺洲，即喬重禧，詳見《附錄　蔡守與古人交流考》。

[47] 胡金竹，詳見《附錄　蔡守與古人交流考》。

[48] 源益否，即源謙，無考。

[49] 伍春嵐，即伍元華，詳見《附錄　蔡守與古人交流考》。

[50] 潘德輿，即潘仕成，詳見《附錄　蔡守與古人交流考》。

[51] 蔡春颿，即蔡錦泉，詳見《附錄　蔡守與古人交流考》。

[52] 蔡藥樵，即蔡愷，詳見《附錄　蔡守與古人交流考》。

［53］徐次京，詳見《附錄　蔡守與古人交流考》。

［54］鄭寯侯，詳見《附錄　蔡守與古人交流考》。

［55］《陽羨砂壺圖考》，李景康、張虹編，葉恭綽序。1937 年 11 月在香港出版。

［56］區夢良，詳見《附錄　蔡守與時人交遊考》。

［57］唐天如，即唐恩溥，詳見《附錄　蔡守與時人交遊考》。

［58］陳伯任，即陳樾，詳見《附錄　蔡守與時人交遊考》。

［59］李茗柯，即李尹桑，詳見《附錄　蔡守與時人交遊考》。

［60］潘薺園，無考。

［61］陳少白，詳見《附錄　蔡守與時人交遊考》。

［62］李子雲，無考。

［63］黃慕韓，詳見《附錄　蔡守與時人交遊考》。

［64］馬晚聞，即馬鋤經，詳見《附錄　蔡守與時人交遊考》。

［65］何覺夫，詳見《附錄　蔡守與時人交遊考》。

［66］盧子樞，詳見《附錄　蔡守與時人交遊考》。

［67］《海珠邊璪》，金粟香著。

［68］黃子壽，即黃彭年，詳見《附錄　蔡守與古人交流考》。

［69］鄧渼，詳見《附錄　蔡守與古人交流考》。

［70］吳履，詳見《附錄　蔡守與古人交流考》。

［71］胥燕亭，詳見《附錄　蔡守與古人交流考》。

［72］唐陶山，即唐仲冕，詳見《附錄　蔡守與古人交流考》。

［73］蔣藕船，即蔣知讓，詳見《附錄　蔡守與古人交流考》。

［74］郭厚庵，詳見《附錄　蔡守與古人交流考》。

［75］汪汗雲，無考。

［76］錢叔美，詳見《附錄　蔡守與古人交流考》。

［77］潘蘭泉，詳見《附錄　蔡守與古人交流考》。

［78］唐孝女，詳見《附錄　蔡守與古人交流考》。

［79］席道華，即席佩蘭，詳見《附錄　蔡守與古人交流考》。

［80］張青選，詳見《附錄　蔡守與古人交流考》。

［81］李硯山，即李研山，詳見《附錄　蔡守與時人交遊考》。

［82］梁小玉，詳見《附錄　蔡守與古人交流考》。

［83］申眠觀，詳見《附錄　蔡守與時人交遊考》。

[84] 姜千里，詳見《附錄　蔡守與古人交流考》。

[85] 沈瑩中，詳見《附錄　蔡守與古人交流考》。

[86] 丁少瑾，詳見《附錄　蔡守與時人交遊考》。

[87] 夏雲英，詳見《附錄　蔡守與古人交流考》。

[88] 陳用卿，詳見《附錄　蔡守與古人交流考》。

[89] 時大彬，詳見《附錄　蔡守與古人交流考》。

集古略·集南越瓦文 [1]

集古略·集瓦文·漢

南越瓦

姚四品，又反文　程反文　穌　高　曾　丁二品　田　莫　麻　單　布　邦反文　師　來　於　如四品　司　木　峕　扈　市　署　橋　軍三品　宮六品，又反文　人反文　禾　衣　瓦　衍　四　九　大　煩反文　則　右　工二品　圌　喜　夢　寂　閱　留　翁　可　寧　亦　勝　貢　展三品　督反文　東有牙西有釉　汙　貧三品，又反文　左犁　左秩　左官　左工　左宜　左三　右官兲　右官六品　右　右勝　官執反文　官宜　官軍　官寂　官喜　官富　官委　官留　官鈕　官第　官非或釋韭　官分　邑貢　甌軍反文　盧典　諸邸反文　高繼　妵竹　福寧連文　韭云 [2]

右單字者五十五品，異范者二十七品；雙字者三十品，異范者六品，都一百十八品。俱陽文。

左官卒犁　左官卒寂　左官徒實　右官始烺　右官四品　右軍　右結　右第　右嘉　右畱　右為　右委　右垂　右夢　右衣　右鈕　右秦　右宜　右庫　公十品

右印文二十品，異范者十四品，都三十四品。俱陽文。黃少梅得一印，陶質。

奴有登反文　公多反文　□ [3]　貧反文　平七殘闕，反文　宜范紐上

右范五品，俱陰文，與穀文亦陰文也。橢圓形，有橋紐、柱紐。

梅縣謝英伯 [4] 跋：廣州市之東郊，有地名東山者，南越冢即發見於其地之小丘，土名龜岡。黃腸題湊、西京文字，猶有存者，世乃知南服金石之不貧。民國之七年（1918），予歸自新大陸，卜居於其地之署前街。距前冢發現地可

里許，沿街而西約二三百步，抵寺貝底村寺背底村在東山太監寺之背，明成化間中官韋眷建之梁氏宗祠。祠前有野塘半畝許，鄉人瀦水蓄魚；予屋之後有田二片，亦為梁氏鄉人植禾。臘盡魚米已上市，則此兩處浮泥上，發現殘瓦甚多，俯拾即是。瓦之仰面皆繩紋，俯面為穀紋，間有字，字體作繆篆，但多屬一字、兩字，極稀兩字。中有「右衣」「左官」等名，似屬官制。其一字者，則為製瓦工人之姓名，蓋漢制如是也。南越國雖歷年不長，然周秦之典章文物，皆隨趙氏而南。稱帝之後，必有偉大之建築仿自中原者。得此殘瓦發見，信其故宮相去當必不遠。顧以所得皆屬斷片，未能獲見全瓦之制為憾。嗣搜拾湊合，得全瓦。其縱度漢建初尺一尺有九寸，合民國尺一尺又二寸；衡度漢尺一尺有四寸，民國尺一尺又半寸。近又得一瓦，裂為四片，湊合之面積可得而算矣。且瓦制之奇偉如是，自非帝王之宮，曷克有此！亦足為他日探討南越故宮遺址者之一助也。

中山黃佛頤 [5] 跋：「東山殘瓦自出土以來，皆零星碎塊，近始有可湊合成片，以考其縱橫之度。謝英伯得其一，余於己巳（1929）夏亦得其二。一縱度約合工部尺一尺二寸二分，橫度約合工部尺一尺二寸六分，仰面繩紋，上遍施以釉，作青碧色；俯面釉色同，唯有字處無之。文似是『邑貢』二字，莫詳其義。一僅得橫度尺寸，與上瓦同，文泐不可辨。仰面色尤鮮，謝氏盛誇其制之奇偉，若此二瓦之釉色光澤，似未見也。余所藏更有一瓦，俯面嵌乳形六，作三角而尖，已闕其一。釉色與二瓦同，厥製尤異。」

新會曾傳輅《南越朝臺殘瓦考・前篇》[6]：「廣州郊外之東山，有地名寺貝底者，二十年來出土繩紋瓦片無數，與易州之出土鉥印，實足南北比美。時人得者，因其文字制作雅近西京，因而定為南越故物。更有進而疑南越故城即在此地者。余乃以暇日往訪其地，踏其形勢，證以傳聞，知出土瓦片之地，廣可十餘頃。而以一土丘為中點。丘廣數畝，其東南為田，而西北乃民居也。於田中掘下一二尺，即有瓦在，重重疊疊，殆不知其幾許。度其淤積，當在尋丈之外。距瓦片出土不半里即海，蓋吾粵西江之下游也。余因其形勢之壯闊，因亦疑為越之故宮遺址，乃歸而考之，始知不然。是地即南越朝臺，亦即趙佗館陸賈 [7] 地之越華館也。按《寰宇記》[8] 云：『朝臺西三十里即圓岡，尉佗傍江構越華館以送陸賈，因稱朝臺。』又引裴氏《廣州記》[9] 云：『尉佗築朝臺以朝天子。』阮修《廣東通志・古蹟略》云：『朝臺在番禺縣東北、熙安縣東南，有圓岡十丈，四面為羊腸道，尉佗登此臺望漢而朝，在南海縣東北二十一

里，昔尉佗初遇陸賈之處也。佗因岡作臺，北面朝漢。圓岡千步，直峭百丈，頂上三畝，複道迴環，逶迤曲折，朔望升拜，名曰朝漢臺。前後刺史、郡守，遷除新至，未嘗不乘車升履於焉，逍遙交州治中。』《姚文式問答》云：『朝臺在城東北三十里。謹案：朝臺所至，舊說雖殊，而總不越乎廣州之東境。』《大清一統志》所以為番禺也。以上各書，以時代最古言，莫如《姚文式問答》[10]，姚為漢之合浦人；以詳晳言，莫如酈道元《水經注》[11]；以考訂審慎言，莫如阮修《廣東通志》[12]。以此知朝臺之地，實非廣州東山莫屬，土丘殆即所謂圓岡也。陵谷變遷，今已漸夷為平地矣。至《水經》之浪水，即今粵之西江也。陳澧《水經注西南諸水道考・浪水篇》[13]云：『其一又東過縣東南入於海，注浪水。東則迳番禺，西江一支至廣州府治番禺縣東南入海也。』又楊守敬《浪水經注圖・浪水篇》『南十六西二載：朝臺在南海舊治東數里』，至阮志引《南越志》[14]之熙安縣為劉宋置，後廢。其地在番禺縣東南，亦即今寺貝底諸處也。又《水經・浪水注》云『《漢書》所謂浮牂柯，下離津，同會番禺』，蓋乘斯水而入越也。陸賈兩次來粵，當亦循浪水而來。其首次至，佗未即前賈，乃於城西築城以待之，今遺跡尚在西村，即所謂泥城也。二次至，則駕輕就熟，無所疑慮，即於城東登岸，而佗亦即其地構越華館以居之。及其既去，因改建為朝臺，以寄其歸嚮之誠。揆之當日情勢，此為最近。《寰宇記》文字雖有訛闕，而朝臺之即越華館似無疑義。《一統志》謂越華館在南海縣西者，實誤。至趙佗故城，當在今廣州市內。按《方輿紀要》[15]云：『秦以任囂為南海尉，初居隴口西岸，俗名萬人城。既乃入治番山隅，因楚庭之舊俗謂之任囂城。』又相傳南海高固為楚威王相時，有五羊銜穗於楚庭，遂增築南武城，周十里，號五羊城。及趙佗代囂，益廣囂所築城，今謂之趙佗城。又阮志《古蹟略》引黃志云『秦南海尉署，始於任囂，居隴口岸萬人城，趙佗徙近南海郡，去今省城西二十七里，既乃入治番山之隅。因周末楚庭之舊，其署在東二百步，宋為鹽倉』，據此知趙佗故城乃在番禺舊城內，則其宮殿自當在此城中。斷無舍城不居，而築於東郊之外也。難者或謂佗城在番禺舊城內，則既聞命矣，獨不解廣州近十餘年間，拆城築路，翻動甚大，何城內絕不睹南越遺物，而反於東山而見之耶。不知廣州府舊城內，自漢以來，人居不絕，建造既多，遺物盡毀。而東山之繁興，乃近二十年事，翻動既少，而遺物乃得幸存。又南漢廢宮在南海縣子城內者，凡數百，不可勝記。而時至今日，亦為未見發現其遺物，顧無有因此而疑南漢故宮之不在南海城中者，奈何於南越而獨疑之耶？又於二十

年（1931）十一月，在廣東省教育廳後園，即現淨慧公園處，亦發現此種繩紋瓦無數。此足為南越舊城即今在廣州市內之碻證也。

後篇　出土既明，當考其製，窮其部居，大別有二，曰製度。其一曰瓦度。其初出土者均為零星碎片，近始有能湊合者。以余所藏「姚」字、「右衣」二瓦考之，為橫可漢慮俿尺一尺八寸，縱二尺一寸半，即公尺之橫四十一分半釐，縱四十九分。師友所藏諸瓦，其尺度間微異於此者，緣或就原瓦度之，或就墨本度之，故不同。即瓦之本身，亦非盡同也。至其原度在公尺一分間，有厚至公尺六七分者，間有瓦筒，其長不可知，而闊則約當漢之一尺而公尺之二十三分。瓦製之偉大如此，則其臺可想。酈注所云，非虛說也。又按《鄴中記》[16] 紀北齊起鄴南南城云「筒瓦長二尺，闊一尺；版瓦之長亦如之，而其闊倍之」，其尺度與南越瓦約略相同，知秦漢以來，營造式固一貫也。其二曰釉色。黃慈博師所藏「東」字瓦，面底皆滿塗綠釉，濃厚而明淨。此外，所見各瓦有釉者亦甚多，知各瓦原皆有釉，不過多剝落淨盡，稍餘痕跡，不易察矣。又《鄴中記》云：「北齊起鄴南城，屋皆以胡桃油油之，光明不蘚。筒瓦覆，故油其背；版瓦仰，故油其面。」今得其真者，當油處必有細紋，俗曰琴紋。有白花曰錫花，傳言當時以黃丹鉛錫和泥，積歲久而錫花見。此與南越瓦之全釉者，微不同。又余藏之「右夢」瓦堅致如瓷，遍布琴紋。至陶釉之起源，東西學者多謂使西域之張騫得來者，然南越建國且在漢先，更何有於張騫之使西域。按《抱朴子·內篇》[17] 論遷云：「外國作水精椀，實是合五種灰以作之。」今交廣多有得其法而鑄作之者。今以此語俗人，殊不肯，乃云水精本自然之物，玉石類。《太平御覽·珍寶部》[18] 引《廣志》云「琉璃出黃支、斯調、大秦、日南諸國。」又引《南州異物志》[19] 云：「琉璃本質是石，欲作器，以自然灰治之。自然灰狀如黃灰，生南海濱，亦可浣衣，用之不須淋，但投之水中，滑如苔，石不得此灰，則不釋。」又《漢書·地理志》云：「自日南、障塞、徐聞、合浦，船行可五日，有都方國。又船行可四日，有邑盧國。又船行可二十餘日，有諶離國。步行可十餘日，有夫甘、都盧國。自夫甘、都盧，船行可二月餘，有黃支國。自武帝以來，皆獻。見有譯長、蠻夷、賈船，轉致之。」此皆南亞國也。可知秦漢間，交廣已與外國海道交通，水精、琉璃均從海舶市來。故漢武亦使人入海市璧琉璃。其後交廣人並得其法，仿鑄水精碗，已令中原人不信。至治琉璃之自然灰，更屬南海土產，故陶釉之東傳，當係交廣人先得其法，更從而流入中原也。其三曰狼牙版，慈博師所藏瓦有作鍾乳狀者，高可寸許，附

著於版瓦底。友人潘六如亦有此種瓦，惟作三角狀，高如之。按營造法式作制度云「凡結瓦至出簷，仰瓦之下，小連簷之上，用燕頷版，華廢之，下用狼牙版，即此物也」。其四曰土質。土質多青白色，堅致異常，扣之作金石聲，間有作紅色，而質鬆者，殆當是燒時火候未至矣。南越瓦之制度約如上述。又按《舊唐書・宋璟本傳》云：「坐事出為睦州刺史，轉廣州都督，仍為五府經略使。廣州舊族皆以竹茅為屋，屢有火災，璟教人燒瓦改造店肆，自是無復延燒之患。人皆懷惠立頌，以紀其政。」又《阮志・宦跡錄》引宋蔣之奇贊云：「自睦徙廣來為都督，廣之多火竹茅茨屋，璟教陶瓦築堵列肆，越俗始知棟宇之利。」又引唐顏真卿《宋公神道碑》云：「彼之風俗，競趨苟簡，茅茨竹簷，比屋鱗次。火災歲起，煨燼無餘。公教之度材變，以陶瓦千甍齊翼，萬堵皆興，於今賴焉。」又引張說《宋公遺愛碑頌》[20] 云：「雖有文身鑿齒，被髮儋耳。衣卉麭木，巢山館水。種落異而化齊，言語不通而心喻矣。其率人版築，教人陶瓦，室皆塗墍，晝遊則華風可觀，家檄茅茨，夜作而災火不發，棟宇之利也。」似廣州從前本無瓦，自宋璟始教之燒造者。今有以知其不然矣。大約唐時廣州居民之貧困者，多因陋就簡，以茅為屋，宋璟以其易致火災，因令改為版築陶瓦耳。非宋璟以前廣州無陶瓦也。又《唐書・齊物子復傳》云：「轉嶺南節度使，教民作陶瓦。」又《楊於陵傳》云：「出為嶺南節度使，教民陶瓦，易蒲屋以絕火患。」按：初陽節度嶺南，在貞元間，而達夫之節度嶺南，則在元和初。均在璟之後。豈璟時所改造者店肆，而初陽、達夫所改造者為民居耶？是不可矣。

　　曰文字。其一曰單文。此類最多，如右「九」「汙」「夢」「官」「衣」「嘉」諸品，而余所藏「姚」字一品，致精結構，雄渾與《周金姚壺》之「姚」字相同。其二曰二字連文。如「左官」「右官」「盧典」「左三」「高綿」諸品。其三曰官名。瓦之著名盡為工官，秦漢器物多如是者。余所藏有「右鈕」「右軍」「右夢」「右宜」「右衣」「右秦」諸品。其四曰地名，慈博藏有「邑貢」一瓦，蓋趙佗竊號稱制，與中國侔。其後雖曾削號歸藩，然《史記》謂其尚竊如故號，則其有所營建，當令屬邑，解繳財物以助，瓦文曰「邑貢」，足徵史實。其五曰吉祥語。此類有「圉」「福」「寧」諸品。以上所述，大致稱備。然瓦之出土者，奚翅數萬，或則流之四方，或則旋出旋棄。其幸而存而又得接余目者，直滄海之一粟矣。

【注釋】

　　[1] 據《集南越瓦文》，蔡哲夫著，民國時人溫丹銘鈔本。王貴忱收藏。「右為大埔

溫丹銘先生傳銘。鈔蔡守先生《南粵匋文》稿本。德承溫氏哲嗣溫原先生持贈。時公元一千九百五十年代中事也。前聞溫原先生已作古矣。王貴忱記于廣州」。內葉一題《集古略　集南越瓦文》，蔡哲夫初稿。左下角鈐「廣東歷代書法展覽叢書」朱文印，印文鈐反了。內頁二題《集古略　集瓦文　漢》。下鈐「可居室」「雅傑」「林石茗印」。現收入《南越陶文錄》，石茗點校，廣東人民出版社出版。溫丹銘，詳見《附錄　蔡守與時人交遊考》。

［2］**乭**，圖符。

［3］□，原文空白。

［4］謝英伯，詳見《附錄　蔡守與時人交遊考》。

［5］黃佛頤，即黃慈博，詳見《附錄　蔡守與時人交遊考》。

［6］《南越朝臺殘瓦考》：曾傳軺著。曾傳軺，詳見《附錄　蔡守與時人交遊考》。

［7］陸賈，詳見《附錄　蔡守與古人交流考》。

［8］《寰宇記》，即《太平寰宇記》，宋樂史撰。是北宋編纂最早、影響最大的地理總志。始修於太平興國年間。樂史，詳見《附錄　蔡守與古人交流考》。

［9］《廣州記》，裴氏著。

［10］《姚文式問答》，漢姚文式著。姚文式，詳見《附錄　蔡守與古人交流考》。

［11］《水經注》，魏酈道元著。《水經注》40卷，全面而系統地介紹了水道所流經地區的自然地理和經濟地理等諸方面內容，是一部歷史、地理、文學價值都很高的綜合性地理著作。酈道元，詳見《附錄　蔡守與古人交流考》。

［12］《廣東通志》，清阮元主修。阮元，詳見《附錄　蔡守與古人交流考》。

［13］《水經注西南諸水道考》，清陳澧著。陳澧，詳見《附錄　蔡守與古人交流考》。

［14］《南越志》，南朝劉宋時沈懷遠著。是一部地理志書，是「此五嶺諸書最在前者也」。沈懷遠，詳見《附錄　蔡守與古人交流考》。

［15］《方輿紀要》，即《讀史方輿紀要》130卷（後附《輿地要覽》），原名《二十一史方輿紀要》，清顧祖禹著。是古代中國歷史地理、兵要地志專著。由明、清時期地理學家顧祖禹創作，中華書局於2005年出版。顧祖禹，詳見《附錄　蔡守與古人交流考》。

［16］《鄴中記》，晉陸翽撰。該書記載魏晉南北朝時期中原地區富庶繁盛的大都市之一，魏王曹操、後趙、前燕、東魏、北齊先後在此建都國都鄴城的專門史籍。原書已佚，僅存輯本，有《四庫全書》本、清內府聚珍本。陸翽，詳見《附錄　蔡守與古人交流考》。

[17]《抱朴子》,晉葛洪編著。內外篇共有 8 卷,內篇 20 篇論述神仙吐納符籙勉治
之術;外篇 50 篇論述時政得失,人事臧否,詞旨辨博,饒有名理。葛洪,詳見
《附錄 蔡守與古人交流考》。

[18]《太平御覽》,宋李昉、李穆、徐鉉等奉敕編纂。類書,採以群書類集之,凡分
55 部 550 門而編為千卷,所以初名為《太平總類》,據說書成之後,宋太宗每
天看三卷,一歲而讀周,所以又更名為《太平御覽》。全書以天、地、人、事、
物為序,分成 55 部,可謂包羅古今萬象。書中共引用古書一千多種,保存了大
量宋代以前的文獻資料。

[19]《南州異物志》,三國萬震著。《南州異物志》一卷,此書均為《隋書‧經籍志》
《新唐書‧藝文志》《齊民要術》《初學記》《北堂書鈔》《史記正義》《一切經音
義》《法苑珠林》《太平御覽》《事類賦注》史部地理類著錄、徵引,已佚。清陳
運溶輯出佚文 60 餘條。是最早的廣東史料,對嶺南史學貢獻巨大,且並不限
於海南諸國,於西方大秦等國亦多有涉及。書中所記如烏滸、扶南、斯調、林
陽、典遜、無論、師漢、扈利、察牢、類人等國的地理風俗物產,多為前代史
書所闕,有很高的史料價值。《南州異物志》對南海諸島進行了記載。《太平御
覽》中有多條《南州異物志》佚文,其中一條為:「句稚,去與遊八百里,有江
口,西南向,東北行,極大崎頭,出漲海,中淺而多磁石。」其中,「漲海」指
南海,「崎頭」泛指南海島礁,「磁石」泛指暗沙、暗礁。萬震事蹟不詳,《隋書‧
經籍志》注其為吳丹陽太守。

[20]《宋公遺愛碑頌》,全稱《廣州都督嶺南按察五府經略使宋公遺愛碑頌》,唐張說
撰。宋璟,張說,詳見《附錄 蔡守與古人交流考》。

《藝觳》發刊語　　寒瓊說

明隆慶萬歷之際,心學橫流,獨鄧伯羔研求古義,考訂舊文,撰《藝觳》
[1] 三卷,顧今日之人心,甚於隆萬,矧干戈在運,世變未已,吾人苟全性命,
閒居玩古,借瑣耗奇,乃有是作,亦伯羔之意。不辭襲用其名,並欲與北平之
《藝林》[2],上海之《藝觀》[3],漢口之《藝甄》[4],互通聲氣。倘謂天下藝
人,盡入觳中,則吾豈敢。

二十年（1931）十一月,蔡元培書
原載《藝觳》創刊號,1932 年 6 月

【注釋】

[1]《藝彀》，明鄧伯羔撰。《藝彀》是一部有關文史全方面研究、考證方面的力作。上海古籍出版社，南京鳳凰出版社分別在 1992、1997 年再版。鄧伯羔，詳見《附錄　蔡守與古人交流考》。

[2]《藝林》，《藝林》叢刊是由南通金石書畫會於 1924 年 7 月創刊，至 1930 年 2 月停刊，該刊物不僅刊登了張謇、吳昌碩等名流的詩詞歌賦、書畫會活動預告等，還收錄了天民《書畫同源說》、周敬庵《金石我見》、曹恕伯《書分南北派畫分南北宗》、徐寄兒《理性中的美術》等理論文章，用文字記錄了近代美術社團南通金石書畫會的宗旨、創辦過程、活動概況等，《藝林》也是同時期中國美術社團中出刊時間最長的刊物之一，是研究近代南通美術史和近代中國美術社團的珍貴史料。

[3]《藝觀》，雙月刊，由黃賓虹主編，藝觀學會出版。

[4]《藝甄》，月刊，由易忠籙 1931 年於武漢創辦。

瓊州丁少瑾治椰器 [1]

唐李德裕 [2] 常佩椰杯於玉帶環，宋蘇過 [3] 曾以椰冠寄子由 [4]。丘瓊山 [5] 亦云椰有十用，椰之為器由來久矣。余往見舊製精湛者必購之。庚申（1920）春晚，隨李公印泉根源 [6] 領兵入瓊崖，即訪求治椰名手。得丁君少瑾苑瑜，世守其業，設肆於府城者名寶貞祥，於海口者名寶生祥，器之精良為全島冠，莫有能及之者，故每賽會必膺上賞如瓊崖第一次展覽會，上海中華國貨展覽，海防、河內貨物賽會皆得特等獎狀。丁君能讀書，好金石，每過衙齋談藝，獲聞治椰故事不鮮。曾撰《說椰》一卷。知百年外之椰樹，其實小而長，俗呼椰子升眼。余取而為壺之流，益覺古雅。迄今仿作不絕。又為余造連環紐椰印，分贈海內朋儕，莫不稱善。為椰器必以漆膠椰殼塗之，丁氏益以銅屑，更能留傳百年云。古人一技之長，微如湯俵背 [7]，亦能名於後世。矧丁氏精此藝，必傳無疑。余離瓊島已十有四載，承丁君時以異品寄贈，尤可感紉，因並誌之。

癸酉（1933）中秋節，順德蔡文寒瓊撰，蔡談溶溶月色書於漢玉鴛鴦池館，時年四十有三，右室人月色錄余昔識少瑾丁君一則，即以寄擬。

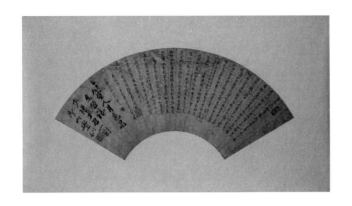

【注釋】

[1] 談月色瘦金體書便面，現存漢鏡堂。丁少瑾，即丁苑瑜，詳見《附錄　蔡守與
時人交遊考》。

[2] 李德裕，詳見《附錄　蔡守與古人交流考》。

[3] 蘇過，詳見《附錄　蔡守與古人交流考》。

[4] 子由，即蘇轍，詳見《附錄　蔡守與古人交流考》。

[5] 邱瓊山，即邱濬，詳見《附錄　蔡守與古人交流考》。

[6] 李根源，詳見《附錄　蔡守與時人交遊考》。

[7] 湯俵背，詳見《附錄　蔡守與時人交遊考》。

《天荒雜誌》第一冊載文

寒瘲讀碑瑣記

造像稱謂錄

造像稱謂至繁，吾邑梁氏《金石稱例》所載殊略，余茝佛厴所藏南北朝迄
隋唐造像拓本不鮮，因備錄之，仍梁氏之例，列為六種。旃蒙單闕如月 [1]，
髧寒 [2] 記。

造像人自稱者：曰弟子、曰佛弟子、曰女弟子、曰信佛弟子、曰正信佛弟
子、曰清信佛弟子、曰清信弟子、曰清信、曰清信士、曰清信女。

出資造像者：曰佛主、曰像主、曰大象主、曰副像主、曰次像主、曰香火
主、曰菩薩主、曰虶萌像主、曰千像主、曰東西南北四面像主、曰迦葉主、曰
發心主、曰光明主、曰登明主、曰開明主、曰菩薩光明主、曰都開光明主、曰
檀越主、曰都大檀越主、曰下生主。

出資造物者：曰幢主、曰經主、曰齋主、曰鐘主、曰大齋主、曰像齋主、曰燈主、曰客登疑即燈字省文主、曰女登主、曰道場主、曰天宮主、曰世石主、曰塔主、曰浮圖主、曰東西南北四面浮圖主、曰燈明主。

勸化造像者：曰化主、曰教化主、曰勸化主、曰女化主、曰大都化主、曰九闕二字並列化主此稱僅見董洪達造象、曰左右莭化主、曰東西南北四面化主、曰坐主、曰高坐主、曰都錄主。

邑中助緣者：曰邑主、曰都邑主、曰大都邑主、曰東西南北四面邑主、曰邑子、曰邑㹺、曰邑日、曰邑長、曰邑正、曰邑政、曰邑老、曰中正、曰邑中正、曰都邑中正、曰邑平正、曰都平正、曰左右莭邑正、曰邑胃、曰邑渭、曰邑謂、曰邑義、曰法義、曰法儀、曰邑義主、曰沙彌法義、曰邑師、曰邑師僧、曰邑師比丘、曰邑師沙門、曰故人。

寺中職事者：曰寺主、曰法主、曰和上、曰比丘、曰比丘僧、曰比丘尼、曰維那男女同稱、曰唯那、曰邑維那、曰都邑唯那、曰都維那、曰大都唯那、曰唯那主、曰行維那、曰維那比丘、曰左右莭維那、曰典籙、曰典錄、曰典坐、曰沙彌、曰門師、曰治律、曰界官、曰但官、曰長史、曰袞子、曰香火、曰左右莭香火、曰社錄、曰耆宿。

【注釋】

[1] 旃蒙單閼如月，旃 zhan 蒙，十干中乙的別稱。《爾雅·釋天》：「太歲在甲曰閼逢，在乙曰旃蒙。」單 chan 閼 ye，歲陰名，卯年的別稱。《爾雅·釋天》：「（太歲）在卯曰單閼。」如月，農曆二月的別稱。《爾雅·釋天》：「二月為如。」

[2] 髡寒，蔡守的別號之一。

憶曼殊 [1]

曼殊姓蘇名玄一作元瑛，字雪蝶，香山人，曠代之奇士也。父某為日本巨商，娶日本右族之女，生曼殊。弱植，父歿於鄉。母聞耗，遣曼殊奔喪。大母奇妒，不以為子。曼殊少小耽禪，若具夙根。遂祝髮於廣州光孝寺。亡何東渡，復遍遊寰球。曾三入印度，通梵文。江南劉三 [2]，送其入印度，並題所著梵文典。有句云：「擔經忽作圖南計，白馬投荒第二人。」餘如楊仁山 [3]、孫少候 [4]、黃中央 [5] 等好佛典，而苦不識梵文。皆折服曼殊，每與訂正經典繹本。即章太炎 [6] 佛學，亦多得於曼殊也。曼殊偶作畫，以寫胸中靈氣，生平僅得三十餘幀，悉為寒瓊藏去。曼殊又好英法名詩章，嘗譯之。著《文學因緣》

一卷，《潮音》一卷。曼殊之狀貌蹤跡，令人叵測。辛亥（1911）秋從南溟萬里航海，訪蔡寒瓊於廣州。鬚長盈尺，寒瓊竟莫能識。及聆其聲音，始知之，信宿忽又北去。

　　浹旬在滬瀆，以與馬小進[7]攝影郵寄。又復一翩翩少年也。每在海上，與名士選色徵歌無虛夕。座中偶有妓道身世之苦，即就囊中所有予之，雖千金不吝，以亦不計，旁觀疑其揮霍也。或匝月兀坐斗室，不發一言。饑則飲清水，食蒸栗而已。劉申叔[8]云嘗遊西湖韜光寺，見寺後叢樹錯楚，數椽破屋中，一僧面壁趺坐，破衲塵埋，藉茅為榻，累磚代枕，若經年不出者。怪而入視，乃三日前住上海洋樓，衣服麗都，以鶴氄為枕，鵝絨作被之曼殊也。時或經年莫知其蹤跡，中外朋儕交函相訊，尋消問息，而卒不知伊在何處。太炎嘗論吾粵人士，首稱儒有簡朝亮[9]，佛有蘇玄瑛，可謂屬高節抗浮雲者矣。若黃節[10]之徒，亦其次耳云云。亦可想見曼殊之為人矣。

【注釋】

　　[1] 標題為編者所加。

　　[2] 劉三，詳見《附錄　蔡守與時人交遊考》。

　　[3] 楊仁山，詳見《附錄　蔡守與時人交遊考》。

　　[4] 孫少候，即孫毓筠，詳見《附錄　蔡守與時人交遊考》。

　　[5] 黃中央，即宗仰，詳見《附錄　蔡守與時人交遊考》。

　　[6] 章太炎，詳見《附錄　蔡守與時人交遊考》。

　　[7] 馬小進，詳見《附錄　蔡守與時人交遊考》。

　　[8] 劉申叔，即劉師培，詳見《附錄　蔡守與時人交遊考》。

　　[9] 簡朝亮，詳見《附錄　蔡守與時人交遊考》。

　　[10] 黃節，詳見《附錄　蔡守與時人交遊考》。

記文三則

雪味厂[1]記　仲瑛

　　天地否閉，凝而成雪。雪之味，天味也。能味其味者，為寒瓊乎？意為丁斯五濁，唯我與雪獨清耳。然感物在氣，氣冥感而徵應；觸志在景，景闇觸而方激。淮南子曰「桑葉落，長年悲。春水碧，秋士思。」揚雄致論於愛日，孔父臨歎於浮雲。維彼哲人皆有以也。若乃麒麟宣寶，芻狗萬物，旐銘鼎庸，識者糠秕。與其振矯嘶於□[2]，孰若甘淡泊於清冰。顧天壤至潔，曷有如雪，

寒瓊獨能味之。得老子味無味之意乎！

雪味厂贊　寒道人

欲向人間世求乾淨土，除卻雪時安可得乎？當乾坤不夜，天地無塵，萬族俱絕，萬籟俱寂。厂若砥室，夐然獨處。作袁安之高臥，孫康之讀書。饑來亦不求西王母進嵊州甜雪，但如段頴 [3] 之食雪，蘇武 [4] 之二齧雪，鐵腳道人 [5] 之嚼雪。頓使我腑肝如雪。那復知有人間煙火耶。

有奇堂記　寒道人

梅摯之有美堂 [6] 也，以天子賜詩名之。余之有奇堂也，以野僧贈詩名之。況擁斯堂也有奇峰，蔭斯堂也有奇木，繞斯堂也有奇葩，倚斯堂也有奇石。堂之室有奇書，堂之壁有奇畫。素玩彝器有奇字，高吟丘樊有奇句。有奇士時與往還，有奇文可共欣賞。故人慷慨，多有奇節。褻御窈窕，亦有奇女子，乃奇而又奇者也。又何必生有奇骨，抱有奇才，立有奇勳，始衒其奇邪。昔梅摯作堂，遣人走數千里。乞歐陽修為記，請至六七而不倦。自以為絕世之榮也。余今拾破瓦，刻竹枝，以記斯堂。亦目以為脫塵之奇也。乙未（1895）冬十二月朔，嶺南蔡為珣。

右記為二十年前舊作。乙未（1895）余十四歲，客桂林，取微塵大師贈詩，少小有奇氣之句以名其堂，並記之。越三年戊戌（1898）歸里第。溫幼菊 [7] 前輩為繪是圖。今忽中歲催人，牢落湖海。如韓愈 [8] 云，竟亦不能奇也。乙卯（1915）夏五，哲夫附志。

【注釋】

[1] 厂，即「庵」。蔡守有別號「味雪庵」。

[2] □，原字模糊莫辨。

[3] 段頴，詳見《附錄　蔡守與古人交流考》。

[4] 蘇武，詳見《附錄　蔡守與古人交流考》。

[5] 鐵腳道人，詳見《附錄　蔡守與古人交流考》。

[6]《有美堂記》，宋歐陽修為杭州知州梅摯而作。歐陽修、梅摯，詳見《附錄　蔡守與古人交流考》。

[7] 溫幼菊，即溫其球，詳見《附錄　蔡守與時人交遊考》。

[8] 韓愈，詳見《附錄　蔡守與古人交流考》。

漢右扶風丞犍為武陽李壽表考釋

漢李壽表，在陝西襃城東北五里襃余谷，楊孟文石門頌右。前人未著彔，僅見翟文泉《隸篇》[1]。《漢中府志》所載石門諸刻，亦遺是表。字多漫漶，故近人釋文互異，余藏有精拓本，審釋如下：

右扶風丞犍為武陽李君諱第一行

壽《隸篇》誤作禹字季士百漢齋 [2] 本誤作「步六」二字以永壽藝風堂 [3] 誤作「建」元年中百漢齊本脫此字始第二行

解大臺政由其畀安乎吳清卿 [4] 重刻本，闕此三字之處萬百漢齋本闕此一字民第三行

懽喜行人蒙福君故以百漢齋脫此字益州從第四行

事百漢齋闕此字再舉孝廉尚書百漢齋本誤作「符」字□百漢齋作「璽」字即巴第五行

郡朐忍令換漢中成清卿本闕此字固令遷清卿本闕此字宜第六行

禾百漢齋闕此字都尉第七行

【注釋】

[1]《隸篇》，15 卷、續 15 卷、再續增本 15 卷，清翟雲升撰。這是一部隸字形義字典。翟雲升，即翟文泉，詳見《附錄　蔡守與古人交流考》。

[2] 百漢齋，無考。

[3] 藝風堂，即繆荃孫，詳見《附錄　蔡守與時人交遊考》。

[4] 吳清卿，即吳大澂，詳見《附錄　蔡守與古人交流考》。

漢玉笏考釋笏長今尺九寸強，廣四寸弱

釋文：「建初三年考工輔為內者造篆書，字約三分。護建佐博嗇福光王右丞宮令篆書，字約二分。」

甲寅閏五月十七日，偕常熟孫師鄭雄 [1]，吳江楊千里天驥 [2] 入海南子流水音，訪袁豹岑克文 [3]，出示此玉。古澤盎然，不忍釋手。據吳清卿 [4] 云：「古玉有似璋非璋，似刀非刀，前詘後詘，邊有三孔，可以結繩，佩於紳帶。更有一孔，可以係組者。定為笏，」其論甚詳。此玉與之吻合，當是笏無疑也。今人不知，咸目之曰刀圭，亦猶古圭，概目之為藥鏟。琮目之為釭頭也。漢玉，舍印及剛卯外，罕有文字者。唯江都汪氏，藏有建武殘玉刻字。滿洲托活洛氏 [5] 藏有建初六年武孟子買田玉券，及余藏漢玉龍節刻字而已。是笏刻

字太工整，且無剝蝕，疑是後刻。歸試效之，知是從漢建昭雁足鐙摹出。建昭
易作建初，初字即從漢慮俿尺橅出。嗇夫，官名也。而脫夫字，光主，人名也。
而上脫官名掾字。右丞宮令，官名也，而下脫人名相字。妄為刪改，其謬至此。
且輔博福光主，皆彼同時人名也。按建昭距建初百年有奇，安得復有官名人
名，如是相同者乎，其為後人雁刻無疑。吾獨為此古笷玉笷惜耳。

【注釋】

[1] 孫師鄭雄，即孫雄，詳見《附錄　蔡守與時人交遊考》。

[2] 楊千里，即楊天驥，詳見《附錄　蔡守與時人交遊考》。

[3] 袁豹岑，即袁克文，詳見《附錄　蔡守與時人交遊考》。

[4] 吳清卿，即吳大澂，詳見《附錄　蔡守與時人交遊考》。

[5] 托活洛氏，即端方，姓托活洛，詳見《附錄　蔡守與時人交遊考》。

唐六祖髮塔之小陶塔

　　光孝寺菩提對髮塔為唐儀鳳元年丙子，法性寺住持僧法才立。仏年損壞。
塔下有小陶墻無笷，高四寸許。六面，面一龕，龕一佛。上飛簷三重，下拾級
三曾。釉色或黃或（綠）綠，鮮有不挩落者。間有刻字。文曰：「佛說法訟曰，
諸法從緣起，如來說是因。彼法因緣盡。是大沙門說。」凡廿五字，繞底一匝。
末六字及「門說」二字，或刻第二行。左行右行不一，皆同此廿五字。出土時
百十無一完好者。尤罕有頂，或因當嵜礙於累疊敲去。余得一座，歖未殘闕，
洵可寶貴。按六祖惠能 [1]，于黃梅。五祖 [2] 以達摩所傳衣鉢授之。曰：「速
去。恐人害。」乙卯遂遑廣州法性寺。印宗延至上席，曰：「久聞黃梅衣鉢南
來。莫是行者否？」能曰：「不敢。」於是為惠能祝髮，願師事之。據《法苑
珠林》[3] 曰：「佛告帝釋，汝將我髮，欲造幾塔？」帝釋白佛言：「我隨如來髮
一螺，造一塔。」如來以神力，故一食頃，髮塔皆成。今六祖髮塔多小陶塔。
意乃倣此。」酳佛宷供養，定儀鳳元年物，據《曹谿志》。鈐「傾城」橢圓形
朱文印。「乙卯五月廿五日傾城手拓。」鈐「傾城拓」朱文方印。

　　（附塔底拓片釋文）起左行佛說法訟曰：「諸法從緣起，如來說是因。彼法因
緣盡，是大沙門說。」髡寒釋。鈐「蔡哲夫」朱文長方印。

【注釋】

[1] 惠能，詳見《附錄　蔡守與古人交流考》。

[2] 五祖，即弘忍，詳見《附錄　蔡守與古人交流考》。

[3]《法苑珠林》，唐釋道世撰。佛教類書。100 卷。別本作 120 卷。全書分為 100 篇 668 部，概述佛教之思想、術語、法數等，博引諸經、律、論、紀、傳等，共計四百數十種，其中有現今已不存之經典。又以內容之不同而分類，故使用極為方便。其引用之文並非照經文抄錄，而係錄其要義。

魏安陽男薛鳳頭造像記釋文　髡寒　鈐「髡寒」朱文長方印

石高六尺，廣二尺有五寸，今在德國博物院。

上層佛龕左右兩傍刻字：「左相菩薩□ [1] 辛仁祭一心待侍佛時左行菩薩主楊高隕順妻劉若資一心侍佛右行。」

次層仏佛龕左右兩傍刻字：「左相菩薩主五戠戒楊洪顯妻王虵息五戒□仕身□□業兒仕兄弟等為所生父母見在家口一心待侍佛時左行右相菩薩主薛欽妻董虵書一心供養□□右行。」

左相六行：「左相都像主薛道通一行妻賈□先息像琰二行舍利女照仁侍佛三行左相□唯佛主薛道成四行□妻妻□息□□家五行□□□兄弟等待佛六行。」

右相六行：「右相□唯佛主張珂文一□□和□□伏生女□二香□香□□□□□三右相都像主楊子□四息新都息世高五息進興一心侍佛六。」

題名第一列：「比丘道暢　比丘法護　比丘道貴　比丘道和　比丘曇暈　比丘曇善　比丘道圻　比丘曇約　比丘法太　比丘法詢　比丘道龍　比丘法定　比丘道王　比丘法仰　比丘曇普　比丘奢賢　齋主張羊　當陽佛主楊解愁　一心侍佛。石像主薛鳳頑此十七字貫下二列　上坎當陽主張魯仁一心待侍佛，文薛榮集此十六字貫下二列，　發心起像主薛鳳頑耳孫像慎母□姚越姜此十七字貫下二列　邑主僧智　邑主法遵　唯那道玩　唯那道行　唯那曇演　比丘道勉　比丘法興　比丘道威　比丘道英　比丘僧珍　比丘道濟　比丘法藏　比丘法廻　比丘曇興　比丘法顯。」

第二列：「比丘法和　比丘惠威　比丘法未　比丘道常　比丘明纂　比丘曇始　比丘法洛　比丘法殊　比丘法淵　比丘道覺　比丘當陽主□□莫　妻張敬□□□　息世高　息□□待侍佛　比丘□衣　比丘曇殊　副當陽主昝元智　供養主楊道　妻昝一心待侍佛　供養主昝陳萬　比丘尼道思　比丘尼绢文　比丘尼明勝　比丘尼法讚　比丘尼僧暈　比丘尼淨勝　比丘尼淨暈　比丘尼法思　比丘尼惠淨　比丘尼道深　比丘尼道溫　比丘尼淨绢　比丘尼曇延　比丘尼绢貴。」

第三列：「姊夫程顯孫　姊夫姚顯和　外甥甥姚顯義　外生甥宗建兆　外生程英儁　侄薛唯摩　侄薛純陀　息薛翼遷　息薛鸞遷　息薛龍遷　苐薛辨頑　弟薛彥頑　弟薛敬頑　弟薛奉頑　弟薛英頑　弟□薛令頑　姊令姿　姊和姿　姊次和　姊延姿　妻裴仲妃　弟婦賈玉姿　弟婦敬孟妃　女化委　侄女化囧容，與隋乾緒等造像銘同　齋主呂買奴　齋主呂僧亮　上轉文女足　願成主楊隴欽侍佛　比丘尼淨瑹　比丘尼明瑹。」

記前題名一行：「發心□□皿一區石像大□越主大都□□□善囯為母及家口一心侍佛。」

記三十行，行十九字：「夫靈原沖邈，道絕有旡之境，至理幽遙遙，與魏司馬昇墓誌同。斷自俟心一行之外外，與漢魯峻碑同，澄神虛寂寂。達觀照矚之始，凝懷懷妙果。绢鑒開二行化之初，故心形絕寻礙。則耶林雍蔚，是以如來俯俯，與魏弔比干墓文同愍三行。長迷頑昏叡瞖，武巾切書，作「忞」，曰「在受德忞」書，託跡迦裹夷，與東魏武定二年邑主造象頌同。披融融正路，欲令人天同四行皈歸耶。徒徒祏[2]肅然。大魏永安三年（260），歲矚庚戌戌，四海凶五行凶洶，垂輪寇寇場。九肷荒荒，干戈未戢戢。遂令三輪玗駕六行，法炬潛光。七使馳馳於胷胸，衿九結沉沉於心。着且七行梵音悕稀唱唱，於當時法皷鼓。不振於今日，而弟子等棻

業，八行窴守。常因窴冥羅罹，與北齊朱岱林墓誌銘同。段懋堂云「罹蓋羅之或體，維、惟古通用。用離古音羅，故離羅通用，而後人區別太多，失其古義古音，乃罕知罹羅原實一字矣塵滓限結免晚根，形同朝露。前不值釋九行迦初興，卻不逢孃佉之子囑生。今辰坎壈之世塵十行迴生老出垢靡迯抧荷冰火之閒悲樂愛增憎之裏裏，與魏鍾繇宣示帖同，十一行沉溺三毒之湖不習單撒之慕染著免岸未求佊彼，十二行圻自慨苦空弗逢斯世然苦海遡湮淪非精超不越越，十三行□是以佛弟子比丘僧娼、比丘道甑甋，與魏敬史君碑同、比丘道行、比丘十四行曇演，直後羽林鑒鑒，安陽男薛鳳頑，鄉原道俗等，遠十五行藉蘭根淵淵，槃萬葉骰性瑕遐，與漢北海相景君碑陰同。詩《邶風》不瑕有害傳云，瑕遠也。凝道心修遠仰慕先跡十六行每唯真蹤沖邃故神蝻螭，與魏弔比干文同。愛德尚留影於北天，葉公十七行好龍由猶，與漢任伯嗣碑同降形以示真。仰緣斯趣，各竭家珎，建造石十八行像一區。夅舉高一丈，諦心精務彫鎊飾，与漢史晨碑同以就。乃揮拔狀神十九行儀，紡髴古蹟。文素流彰，朗如雲月。其京石瑩鎊，允二十行玉未能比其光豔綵，恠目隨珠必也匿其曜。此乃曠二十一行代之驚奇，娑婆之絕也。天人睹斯挟狀而雲集耶。使二十二行觀眾心而慕化，欲令此蔰永閏於四生。継繼，與漢陳球後碑同軌而不二十三行絕。乃刊石銘記誨尒空兩棋格特將來焉二十四行。妙戋哉，與魏齊郡王祐造像同。沖暈託空四棋格體金質質，與李仲璇碑同顯相八十凝然果二十五行一現應開津鏤容石出三有悟朗號曰惠日二十六行。巍巍慈氏，顯應著闍。形旡定方，三界莫遮。亦名太二十七行子，亦名達婞。獨坐道樹，号曰釋迦廿八行。夒双与，與北齊宋買造象碑同林捨應，邁也千零。道俗迷正，沉淪昏窴冥，與石門頌同未廿九行後生信刊石開形影建玉鎊万代留名卅行。」

記後題字凡四行：「維大隋仁壽二年歲次壬戌四月戊申朔八日乙卯，三交村合村諸邑等為此舊像。有邑子已上空位未題名之處，共相綏化唱發，敬造佛堂一行□上為皇帝陛下，七世所生父母，存亡眷屬，□同登正□果。」

【注釋】

［1］□，原文缺字，下同。

［2］�，敬。《槐龕手鑒．示部》：祗，音脂，敬也。《敦煌變文集．維摩詰經講經文》：「亦能侍奉，偏解祗承，低眉而便會人情，動目而早知心事。」

《漢伊吾司馬雲中沙南侯獲碑》跋永和五年六月十五日，在甘肅煥采溝

右《漢伊吾司馬雲中沙南侯獲碑》據繆筱珊《藝風堂金石目》[1] 標題。案徐星伯《西域水道記》[2] 載：「石在甘肅巴里坤煥采溝路側。」高今尺三尺，廣一尺有五寸汪鋆 [3] 云一尺，誤。八分書三行沈均初 [4] 云四行，誤。字幾三寸許。道光十五年薩湘林 [5] 官伊犁，始督拓寄贈戚畹。碑字漫漶殊甚。前金石家各據自得拓本，約略審釋，故互有不同。尹竹農 [6] 釋云：「惟漢永和□ [7] 年六月十五日，伊□□馬雲中沙南侯□字伯」，以下不可識。按哈密為漢伊吾盧地。

順帝永建六年，復屯田置伊吾司馬一人。首行伊字下闕者，自是「吾司」二字。侯名或疑「猗」字，未可遽定也。商城楊鐸 [8] 釋云：「永和下當是五字，十五日下接臣字。」趙无悶《續寰宇訪碑錄》[9] 作「十五日甲辰」。余甲寅春重遊都門，得宛平李芝陔 [10] 在銛重刻本，文曰：「惟漢永和五年（141）六月十五日厲司馬二字合體，雲中沙南侯護國胅似是聽字大及安已二字。」與尹、楊、趙、汪、沈、繆六家所釋皆不同。芝陔為胡石查 [11]，義贊之姊丈。又與鮑子年 [12] 康友善，邃於碑學。重刻必有所本。又按《後漢書·郡國志》，秦置雲中郡，屬有沙南。順帝陽嘉四年冬，烏桓寇雲中，度遼將軍耿曄率二千餘人，追擊不利，又戰於沙南，即其地也。永和亦順帝年號。汪硯山云：「當時邊境不靖，史不絕書。」是碑與漢敦煌太守，雲中裴岑破呼衍王，立海祠碑永和二年，同在邊陲。且先後不越三年，想亦是殲寇銘勳之類，諒哉。聞潘伯寅 [13] 祖蔭有《沙南侯碑考》，惜未見耳。

【注釋】

[1]《藝風堂金石目》18 卷，繆荃孫撰。本書是繆荃孫收藏的石刻，上自周秦，下迄宋元，達一萬多種，都一一加以校勘、題識編成，為我國金石學的研究樹立了一個里程碑。繆荃孫，詳見《附錄　蔡守與時人交遊考》。

[2]《西域水道記》，清徐松著。是有關西域歷史地理的名作。記載西域各條河流發源、流域、所入湖泊等詳細地理資料。記載範圍包括今嘉峪關以西直至巴爾喀什湖以東以南廣大西北地區。徐松，即徐星伯，詳見《附錄　蔡守與古人交流考》。

[3] 汪鋆，詳見《附錄　蔡守與古人交流考》。

[4] 沈均初，即沈樹鏞，詳見《附錄　蔡守與古人交流考》。

[5] 薩湘林，詳見《附錄　蔡守與古人交流考》。

[6] 尹竹農，即尹濟源，詳見《附錄　蔡守與古人交流考》。

[7] □，原文字缺，下同。

[8] 楊鐸，詳見《附錄　蔡守與古人交流考》。

[9]《續寰宇訪碑錄》，清趙之謙著。趙無悶，即趙之謙，詳見《附錄　蔡守與古人交流考》。

[10] 李芝陔，即李在銛，詳見《附錄　蔡守與時人交遊考》。

[11] 胡石查，即胡義贊，詳見《附錄　蔡守與古人交流考》。

[12] 鮑子年，即鮑康，詳見《附錄　蔡守與古人交流考》。

[13] 潘伯寅，即潘祖蔭，詳見《附錄 蔡守與古人交流考》。

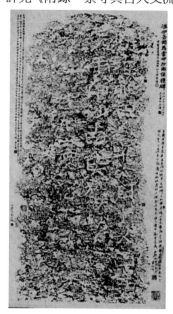

魏樊奴子四面龕 [1] 為攷釋

石高今尺三尺三寸弱，廣一尺。一面上刻佛龕，下面刻造像記。記十一行，行十七八字至廿七八字不等，有棋格。釋文如左：「比丘僧龜一心，比丘僧慶一心，佛弟子樊奴子供養，祖樊倭供養。」以上四行刻在佛龕下畫像間。

「大魏太昌元年歲次壬子六月癸亥朔七日庚午，樊奴子體解四非玄識幽旨，心洪慈善，自竭家珍，敬崇石像一區。上為帝主世境遐方啟化，偃甲收兵。人民寧恬。又願奴子父母七世，師徒歷劫，兄侄妻息，六親中表，身安行吉，神和調暢，菅舍清美，万善慶集，吉祥敢應，福子來生。七世先亡，上生兜率，面奉慈尊，餐聽大乘，娛無生□ [2] 及三界眾生，三會初興，願登先聞，果報成佛。

八世二字同格樊坦，坦生琯，琯奪，奪生以上重文作二，仝格世，世生雷，雷生□當是倭字，倭生寶，北雍州北地郡高□□東向北魯川。佛弟子樊奴子為□□□一區此行破格書。」

是像向未見著錄。唯江陰繆筱珊荃孫《藝風堂金石目》載之。亦未書石在何處。甲寅春法使館匡記室紀臣，以拓本持贈，云「壬子秋間，一估由濟南輦此像入都，適法國伯爵某來遊，以八千金購得，令使館裝載返國。因偷拓數紙」云云。今海外列國，兵連禍結，馳戰無期。像既在法京，未審能保存否耳。又

按記中「感應」作「敢應」,「館舍」作「菅舍」。造像記頌及「館舍清美」,是為創例。書祖名「怛」,怛生等,皆聯署其字。且皆曰生,亦造像記之罕見者也。

【注釋】

[1] 艁,同「造」。《方言》第九:「艁舟謂之浮梁。」清龔自珍《阮尚書年譜第一敍》:「篇者句所艁,句者字所積。」

[2] □,原文缺字,下同。

題《鬼情圖》——鬼獨鍾情人偏薄倖所翁語,篆兒書

　　廣州押衙崔慶成轄香藥綱詣內庫。抵黃華驛舍,夜見美娘人曰:「今日見君,君必疑。今日捨君,我寧不悔。候君回轅,別圖逡會。」擲書云:「川中狗,百姓眼。馬撲兒,御廚飯。」及還,不敢宿皇華,寓宿旅邸。前婦人來曰:「今日之事可諧否?十二字可辨否?」慶成不能對。娘人因命青衣進酒,終不舉琖盞。迺作詩云:「妖魄才魂自古靈,多情心膽似平生。知君不是風流物,卻上幽原怨月明。」擲喬於地,鐙火俱滅。丁晉公嘗見此十二字曰:「川中狗,蜀犬也,獨字。百姓眼,民目也,眠字。馬撲兒,爪子也,孤字。御廚飯官,

食也，館字。乃『獨眼孤館』四字。」

　　宋龔開 [1] 云：「人言墨鬼為戲筆，是大不然。此洒書家之草聖也。豈有不善真書而骳作草者。在昔善畫墨鬼有姒頤真、趙千里。千里丁香鬼，誠為奇特。可惜去人物科大遠，故人得以戲筆目之。頤真鬼□甚工，然其用意猥近耳。顧羅兩峰 [2] 之《鬼雄》《鬼趣》二圖，可謂極杳冥之致。較千里丁香鬼未知如何？然已一洗頤真之陋。余今夜讀皇華驛女鬼事，洵鬼中之癡情者也。因作鬼情圖，仍倣兩峰筆法，庶不至為龔子所譏耳。乙卯六月六夕蔡文並記。」鈐「守」字白文有框方印。

【注釋】

　　[1] 龔開，詳見《附錄　蔡守與古人交流考》。

　　[2] 羅兩峰，即羅聘，詳見《附錄　蔡守與古人交流考》。

題《黃龍大師登峨眉圖》[1]

　　昔黃龍大師登峨眉絕頂，仰天長歎曰：「身到此間，無可言說。惟有放聲恫哭，足以酬之耳！」

　　磊公作是圖，一人兀立危崖，俛睇橫流，想亦作如是觀也。髡寒。鈐「髡寒」長方形朱文印。

【注釋】

　　[1] 標題為編者加。

金剛勇識佛像跋

　　甲寅重遊薊門，三月廿九日愛新覺羅崇孃邀往雍和宮隨喜。至東面偏殿，有閟密佛像十數龕，以黃綉幰障之。崇孃予沙彌餅金數枚，令逐龕揭幰與觀。雌雄迭陳，備諸醜怪。優游頫仰，升降虛盈。伎巧百出，儀態萬方。骨騰月飛，傾詭人目。如觀大善殿畫梁，如入劫北陀國天祠，如參閟密大喜樂禪。如鳩摩羅什之講經欲障。又如《功德經》云：「布施八萬四千臥具，八萬四千玉女裸交。大猛火光，於中發動，散入諸趣。」其天女眷屬，都豔若淨意，婥若妙意。根形之偉，有若尼犍遶身七匝，而不醜惡。交接之狀，有若《樓炭經》之鬱單越法。梵典所謂色濟者歟。漢廣川王海陽之宮，南齊東昏之芳樂苑，隱僻繪事，想莫能令人如此之悚憛癢心者也。觀畢，復與沙彌購得金剛勇識佛像一鋪，乃乾隆所塑，塗金如新。像作金剛跌坐，采女對坐而合。金剛雙手牢抱采女腰，采女一手挽金剛頸，一手高舉法嬴，仰首與金剛接脗。如《甄鸞笑道論》云：「四目兩舌，正對行道之狀。」髡寒記於皕佛庽。

畫《吳山秋意圖》[1]

　　吳山穐，越山穐，吳越兩山相對愁。長江不盡流。風颿颸。雨颿颸。萬里

逞人空白頭。南冠泣楚囚。長相思令。南宋宮人章麗真□汪水雲《逞吳詞》。傾城書，鈐「傾城」朱文長方印。

【注釋】

[1] 標題為編者所加。

跋菊公山水畫 [1] □菊作。鈐「語石山人」朱文方印

枯坐老亭聽暝鴉。石田翁嘗寫此詩句意，極荒寒之致。菊公是作佀彿近之。哲夫跋。鈐「蔡守」白文方印。

【注釋】

[1] 標題為編者所加。

跋王竹虛山水畫 [1] 擬清湘法王竹虛。鈐「竹虛」白文長方印

　　祇餘萬古青山色，留与詩人弔夕陽。丙辰十月哲夫書。鈐「蔡守」白文方印。

【注釋】

　　[1]　標題為編者所加。

跋王竹虛山水

　　臨大癡意。王竹虛。鈐「竹虛」白文方印。

　　雨露欺殘柳，西風跼小篁。水鬼句，鈐「蔡守」白文方印。

畫《抱琴圖》[1]

　　抱琴遥去東海涯，莫逐成連覘子春。十里西湖明月在，孤山尋訪種梅人。南宋舊宮人袁正淑句。丙辰十月朔，傾城題此。鈐「傾城」朱文長方印。

【注釋】

　　［1］標題為編者所加。

題壽泉畫《蘭》[1]

　　幾曾連茹茅同拔，卻為鋤蘭蕙並傷。南國老人被讒（下模糊莫辨）寒翁。

【注釋】

　　［1］標題為編者所加。

畫《山石》

寒山一角。擬陳王乙筆，哲夫。鈐「守」字白文方印。

畫《八指頭陀像》

八指頭陀寄禪造像。丙辰秋九月晦日，髡寒敬題。鈐「蔡守」白文方印。

題白丁畫《蘭》[1]

　　三兩筆，香草寫孤衷。惹得板橋夢想，閉門嘆水補天工。吹霧墨花溶。　無寸土，種入畫圖中。淒絕靈想何處託，憶翁心事一般同。哀怨寄無窮。調寄《憶江南》。甲寅除夕為仲瑛社兄題白丁《蘭花》小幀。蔡守哲夫記於寒瓊水榭。

【注釋】

　　[1] 標題為編者所加。

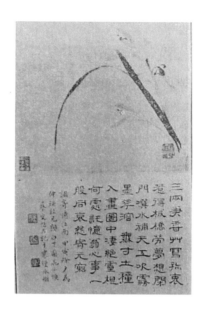

畫《縫衣女》[1]

　　獨客衣單襟露肘，雪中凍裂縫裳手。簷風吹面身坐地，兒女爭開癡笑口。夫難養娘力自任，生涯十指憑一鍼。狂且或動桑濮想，蕩子戲擲秋胡金。君不見，紅粉雲鬟住深院，雙手不親鍼與線。笑他女兒性癖習女紅，窮人命薄當縫窮。蔣苕先生句，丙辰十月朔，哲夫書。鈐「蔡守」白文方印。

【注釋】

　　[1]　標題為編者所加。

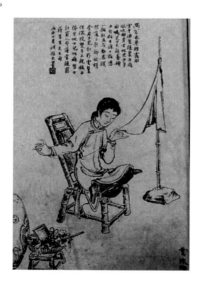

畫《金鳳林冢》[1]

芳冢繞對，豔碑待刻，薄倖遄歸香島。膩馥殘脂，自珍重，奚奴安曉。拋棄丁香䯼底，幸儂瞥見為收好原韻巧復字，故易之。試看佗花樣玲瓏，可似心兒巧。　　堪哀玉人年少，恨來遟，未睹傾國姿貌。伴讀憑肩，唾茸沾臉，幾番囅笑，半載房櫳鎖斷，祇留與香魂吟遶，画裏喚，真真苦絕情衷，誰告。《馬家春慢》，用賀方回韵。

金鳳林，姑蘇人。京華名妓也，與退之有齧臂盟。金屋未成，玉人頓萎。退之為營葬於宣南。越兩月，余來都，弛擔馬氏腐齋。甫三日，退之遳香港，稽半年不果來。命僕從收拾行裝，余將徙鄤邑館。瀕行忽在丁香花下拾得㸺制書籖數枝，繡鞋花樣幾幅，雜以殘茸斷線，知为鳳林遺物，退之所寶愛者也，因題封寄之，並繫一詞。　　寒瓊並記於薊門。

押腳鈐「隔華人遠天涯近」白文方印。

【注釋】

[1] 標題為編者所加。

畫《遊魂落月圖》[1]

幽原杳闊，啾啾泣，悲哀振谷飄。葉小湫照，影低紅掩，翠冷螢露。濕荒叢霧，合溁洧無聲暗涉。閃青燐，迷白骨，蔓楚幾重疊。　　夢斷墜殘月，動林枯聲，可憐魂怯。伝伝欲去欲何之，乍回冰魘。愁絕孤墳野風起。裙兒亂折，夜闌珊，隱去來，隨煙頓滅。《淒涼犯》用夢窗韻題。乙卯五月雨窗臥病倚聲，寒瓊。

【注釋】

[1] 標題為編者所加。

題《東魏李氏合邑造佛像碑頌拓片》[1]

東魏李氏合邑造佛像碑頌。興和四年。甲寅首夏得于海王村。寒瓊記。

【注釋】

[1] 標題為編者所加。

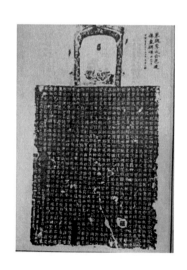

題《蘇曼殊畫》

海畬結茆茨，素心可偕隱。一別成終古，人生嘆朝槿。己酉八月，蔡守題。鈐「哲夫」朱文長方印。

　　甲辰南歸，岑海風雨連縣，友安屬作《茅庵偕隱圖》，及後歸自星洲，忽聞安已辭世矣。但見三尺新墳，芳草成碧，鄰笛之慟，烏能已已。曼殊書款。首鈐「其吉」朱文方印。

題　跋

題《曼殊上人墨妙畫冊》[1]

第二開第二圖：華嚴瀑布圖

（張傾城題）華嚴瀑布在日光山，蓬瀛絕勝處也。仲子曾作華嚴瀑布詩十有四章，詞況麗贍。又憶昔入羅浮，過黍珠庵，讀破壁間何氏女詩，有「百尺水簾飛白虹，笙簫松柏語天風」，亦可誦。予今作是圖，未識可有華嚴之勝否？曼殊令傾城錄。

第三開第四圖：挐舟金牛湖

（蔡守題）乙巳（1905）之秋，著書被議，避地如孤山。一日，過靈隱岩前，見一祝髮少年，石欄危坐，外雖云衲，內衣氎織貫頭，眉宇間悲壯之氣逼人，余以為必奇士，大不得已而為之也。今讀斯圖，知曼殊是歲亦客西湖，因語曼殊，遂知當日所見固曼殊也。去秋讀文學因緣，恨未相見，詎知五年前已識之矣。守記。己酉（1909）八月。

第三開第五圖：聞鵑憶友

（蔡守題）昔人天津橋聽鵑詞云「最可惜一片江山，總付與啼鴂」，衲今秋馳擔韜光庵，夜深時聞鵑聲，拾筆圖此，並束季平一詩，詩曰：「劉三舊是多情種，浪跡煙波又一年。近日詩腸饒幾許，何妨伴我聽啼鵑。」曼殊命蔡守書。

第五開第九圖：夜宿雨華庵

（張傾城題）癸卯（1903）入衡山，登祝融峰，俯視湘流明滅。昔黃龍大師登峨嵋絕頂，仰天長歎曰：「身到此間無可言說，惟有放聲慟哭，足以酬之

耳。」今余亦作如是觀，是夕宿雨華庵，老僧索畫，忽憶天然和尚詩曰：「悵望湖州未敢歸，故園楊柳欲依依。忍看破國先離俗，但道親存便返扉。萬里飄蓬雙布屨，十年回首一僧衣。悲歡話盡寒山在，殘雪孤峰望□暉。」即寫此贈之。曼殊禪師畫，令女弟子傾城錄。

第六開第十圖：寄鄧繩矦

（蔡守題）懷寧鄧子繩矦，為石如先生賢曾孫也。究心經教，不求聞達。丙午（1906）納至皖江，遂獲訂交，昕夕過從，歡聚彌月，亡何納之滬月餘，申叔來，出繩矦贈納詩，詩曰：「寥落枯禪一紙書，欹斜澹墨渺愁予。酒家三日秦淮景，何處滄波問曼殊。」忽忽又半載，積愫累怖，云胡不感。畫此寄似。曼殊志。己酉（1909）八月既望，屬蔡守補題。

第六開第十一圖：寄缽邏罕

（蔡守題）缽邏罕西歸梵土，衲嘗製江干蕭寺圖贈別，今忽半載，剎那間耳。今夕扶病作此遙寄。曼殊令蔡守錄。

第七開第十二圖：竹林仕女圖

（張傾城題）誰知臥處徘徊，謝庭風景都非舊。畫堂塵掩，蓬生三徑，門垂疏柳。白晝初長，清風自至，流年空又。看多情燕子，飛來還去，真個不堪回首。昔日嬌隨阿母，學拈針，臨窗挑繡。斜陽樓外，熨殘銅斗，線紋舒皺，蠶欲三眠，鶯還百囀，落花時候，問重來，應否銷魂。試聽江城笳奏。右素嘉水龍吟一闋。曼殊大師畫，屬女弟子張傾城錄。

第七開第十三圖：登雞鳴寺圖

（蔡守題）剩水殘山一角，寥落。何處限華彝。有人憑檻淚交垂，知麼知？知麼知。調寄荷葉杯。成城倚聲。己酉（1909）秋八月既望，曼殊上人過滬，出是冊，委守夫婦為之題識。詰朝，佛子來蔗過我，讀之，折服難極，遂題長句焉。曼殊因以是幀把似佛子，並命守識之。八月廿四日也。

第八開第十四圖：贈慧子

（張傾城題）久別慧子，忽辱寄詩，有「乞寫萬梅圖詔我，一花一佛合皈依」句，因繪此以報。曼殊大師畫，令女弟子傾城書。

第八開第十五圖：茅庵偕隱

（蔡守題）海裔結茆茨，素心可偕隱。一別成終古，人生歎朝槿。己酉

（1909）八月蔡守題。

第九開第十六圖：鄭思肖詩意

（張傾城題）「花柳有愁春正苦，江山無主月空圓。」寫憶翁詩意。佛心本多情，辭俗情猶擾。底事最關情，亡國情難了。傾城題。

第十開第十七圖：江干蕭寺圖

（蔡守題）江水寒照人，黯然與師別。橋頭有孤柳，枝枯不堪折。守一題。

第十一開第十八圖：寄金風

（蔡守題）惱殺秣陵春，春隨樊素去。卻似絮因風，飄泊向何處。守一題。

第十二開第十九圖：吳門聞笛

（張傾城題）在昔有亡人，吹簫而乞食。卿緣底事悲，旗亭撅寒笛。傾城題。

第十四開第二十一圖：白馬投荒

（蔡守題）甲辰從暹羅之錫蘭，見崦嵫落日，因憶法顯、玄奘諸公跋涉艱險，以臨斯土，而遊跡所經，都成往跡。予以縈身情網，殊悔蹉跎。今將西入印度，佩珊與予最親愛者也，屬予作圖，適劉三詩到，詩曰：「早歲耽禪見性真，江山故宅獨愴神。擔經忽作圖南計，白馬投荒第二人。」噫。異日同赴靈山會耳。曼殊畫，令蔡守書。

第十五開第二十二圖：送水野南歸

（蔡守題）離魂隨客去，和月逐帆飛。縱被風吹醒，江頭亦懶歸。守。

【注釋】

[1] 據香港蘇富比 2018 春拍拍品。

跋《四川隋通道記》拓本

姜須達《隋書》無傳。《高祖本紀》，開皇八年三月壬申。以成州刺史姜須達為會州總管。記云：「總管二州五鎮諸軍事會州刺史。」不識於會州之外，更兼某州，五鎮何名。隋書太簡，未可考耳。《蜀志姜維傳》：「延興元年汶山平康夷反。維率眾討定之。」記云：「蜀相姜維嘗於此行。」蓋指此役也。計延興元年至開皇九年，實三百又五十載。記云「三百餘年」是也。迄三百五十年而不修理，豈復有道可通。故姜須達此舉，於便利公私甚巨。應摩厓以紀其事。

又案《隋書百官志》，州刺史置戶兵等曹參軍事。故記有遣司戶參軍事□博，縣令置丞尉。據會州統十一縣，今記云郭子鴻、王文誠、吳榮、鄧仲景、四縣丞監督。知此路所以四縣之遠。文簡事賅，如山則松草荒蕪，江則沿漚出岸。猿怯高拔，鳥嗟地嶮。駢語亦頗古雅。書法亦殊淵懿。黃氏訪得。洵可補《三巴香古錄》之闕也。順德蔡守寒瓊跋。此拓本四川成都學道街茹古書局寄售。定價五大元。

原載《香港中興報》1934 年 11 月 25 日

題潘飛聲藏伍德彝《荔支灣送別圖》[1]

未謀尊酒祖君別，我送君行已太清。怪底飢寒如小子，媿無詞賦比先生。蠻娃多識空相似，山水能遊共有情。此去京畿風浪穩，公卿早已仰才名先生《海山詞》多蠻娃名字，余《蠡樓詞》亦然，第五句故云。己酉秋八月既望，送蘭史先生入都，並希吟定。順德蔡守題於春申江上。

【注釋】

[1] 是卷現存香港中大文物館。題詩收入《寒瓊遺稿》刪「先生《海山詞》多蠻娃名字，余《蠡樓詞》亦然，第五句故云。己酉（1909）秋八月既望，送蘭史先生入都，並希吟定。順德蔡守題於春申江上。」

《黃賓虹年譜長編》王中秀主編，榮寶齋出版社，2021 年

跋月色做端石盆

纖手割雲腴，作此些子景。莫稱水中丞，宜呼石首領。

原載《香港中興報》1935 年 4 月 19 日

跋象牙臂釧印銘

賓虹集璽，邴博鈕鐶。大於絛脫，可繫臂間。爰取象齒，仿造圓圜。奇觚四射，四印殷殷葉。古之女史，約腕有環。保汝令名，千西不刊。

原載《香港中興報》1935 年 6 月 8 日

端溪大西洞硯石製掛瓶炙硯合器銘

瓶隱瓶，明袁中道有瓶隱齋。清黃曾有瓶隱山房，硯機硯，趙希璜有硯機

齋，為硯為瓶分兩面。忽瓶忽硯殊機變，口大含水花可薦。腹大容炭冰可研研去聲葉，古人有炙硯，硯下熾炭，朔方不冰也，耳大雙好壁可冒。

原載《香港中興報》1935 年 6 月 23 日

題廣州城牆磚拓片

廣州拆城以來，發見草隸磚不少，鮮有年號可考。日前得此「永壽三年」磚，草隸佳絕，即拓呈法鑒，當必忻賞也。又獲玉印二紐。繫壁一，製作文字皆奇古可玩，歲晚窮愁交迫之時，以賤價得之，洵足以含笑過新年也，未知比日古緣如何？亦希示我一二。濱虹先生左右。庚申十二月十一日，守拜首。

跋魏王僧墓誌精拓本 [1]

魏王僧墓誌標題稱：「維大魏天平三年歲次丙辰二月壬申朔十三日甲申，故驦驤將軍諫議大夫贈假節督滄州諸軍事征虜將軍滄州刺史王僧墓誌。」標題之書年月，實始見是碑。此外如鄭道忠墓誌、蘭倉令孫府君浮圖銘、隋董穆墓誌、唐大行法師行記、光業寺碑、開業寺碑、金陽山寺鐘銘，並以年月貫於碑題之上，是古人慣用是例。今人用者希矣。《金石萃編》及王氏《碑板廣迻》並謂碑題之有年月，創見開業寺碑，證矣。碑板標題之迻例，皆別行書文。此碑則標題之下即接書志文，僅空二格而不跳行。碑板中之罕見者。顯祖某、曾祖某，案爾疋俌高祖為高祖王父。祭法稱顯考，此稱顯祖，它碑稀有。惟君綺日，蘊寶懷璋，年始強仕，朗秀垂芳。案「綺日」二字甚新。右錄上虞羅唐風讀碑小箋似仲瑛社兄屬題。

旃蒙單閼如月朔越四日，寒瓊蔡文記於寒戉。

【注釋】

[1] 2018 年 7 月廣東崇正拍賣會。

跋昭光寺鐘銘拓本 [1]

昭光寺鐘在廣州府學。《府志》亦誤以「昌符」為安南李日尊僭號。據《宋史·交趾傳》:「日尊之嗣為王在至和二年,其稱帝在熙寧二年。」終日尊之世無乙丑。而史載日尊自帝,其國國號有龍瑞太平、彰聖嘉慶、龍章天嗣、天貺寶象、神武,無昌符之號。又按《越史略》,昌符元年為丁巳,計其九年乃乙丑也。並證《府志》之誤。癸丑五月望後一日,蔡守哲夫題。

【注釋】

[1] 翁方綱《粵東金石略·卷三》載《宋越南古鐘銘》。

附《廉州府學安南古鐘銘》拓片 [1] 與釋文

康熙十三年六月,廉州海濱風雨晝晦,龍鬥水湧,守兵以炮擊之,得鐘一,今置廉州府學。載石門吳震方《嶺南雜記》。款曰:「□仁路外星□戶鄉天屬童社昭光寺鐘銘並序。是歲二月,有人自葆和持書一紙來京師,謁余於東關,余受而閱之,乃寧衛將軍、管嶺南柵聖翊軍、賜金圓符陳遣乞鐘碑銘之書也。其言曰:『遣於曩歲,與諸將奉命西伐,軍次單哈海口,與士卒漁於海畔,偶得茲鐘。視之無窕□之形,叩之有瀏亮之聲。頗若新出於爐鞴鞲者。遍示諸將,皆以為吉兆。乃歸童鄉,留於先人所作之寺。今歲新寺成,將以其年三月設開光慶贊法會。茲以鐘碑並未有銘,敢丐公一言刻之,以詔於將來,俾後之觀者,有以知得鐘為寺之因由。斯遣之所願也。』予謂物於天地間,無有逃乎數者,況鐘乎。夫不得於他人而得於寧衛之手,不淪沒於波濤洶湧之間而舒揚於殿宇森嚴之上,豈非數歟。然不知寧衛得鐘耶,鐘得寧衛耶。以為寧衛得鐘,則不過擅利鐘之用而已;以為鐘得寧衛,則鐘之所以期於寧衛者遠且大矣。鐘云,鐘云,音聲云乎哉。銘曰:『嗚呼斯鐘,八音之一。沉於海波,殆成棄物。數不可比,理有可必。舉網得之,一朝浮出。濯爾泥污,發爾精明。穹窿其質,瀏亮其聲。乃載之歸,童鄉之寺。懸之飛樓,用為法器。寧衛得鐘,眾人所云。鐘得寧衛,惟予所聞。尚揚乃武,以樹乃勳。與鐘俱鳴,永永無垠。』皇越昌符九年歲次乙丑春二月下浣日,光祿大夫、守中書令、兼翰林學士、奉旨賜金魚袋、上護軍胡宗鷟撰,中涓大夫、內寢學生、書史正掌下品奉御阮廷玠書,御前造作內局阮遷鑴」。

　　《府志》云：「昌符當是安南國王李日尊僭號。」所云九年乙丑，則宋仁宗天聖三年也。吳云無銘識，殆傳聞失實耳。按《宋史·交趾傳》：「日尊之嗣為王，在至和二年，其稱帝在熙寧二年。」終日尊之世，無乙丑。而史載日尊自帝其國，國號大越，改元寶象，又改神武，無昌符之號。且元豐五年，其子乾德猶獻馴象。而《廉州志》載：「熙寧九年丙辰，郭逵敗交趾兵於富良江。」即乾德時事。元豐六年，又犯歸化州，恐是乾德以後僭號仍未革而《宋史》未之詳耳。銘字頗佳，在陰款尤為難得，《玉海》不載昌符年號。

　　鐘制甚古，頂鈕高七寸四分，鈕下至口高二尺一寸八分。鐘身圍線三層，每層線各三條。通身份四片，直線四面，每面亦各三線。其四片中又八分之，各起浮線。上四片各有鑴字，下四片則不鑴也。其圍在線層周圍二尺四寸五分，中層周圍二尺八寸。下層周圍三尺零九分。中腰，中條線圍略高，周圍四尺七寸八分，上下二圍線略低，周圍俱四尺七寸七分。其鐘頂已下無線處，周圍四尺四寸。鐘口以上無線處，周圍四尺七寸二分。鐘口外周圍五尺一寸四分，鐘口內周圍四尺三寸六分，厚一寸一分。下線三條，周圍俱四尺七寸七分。鐘鈕龍頭之下腰線中間單鏡一，龍足之下腰線及下違線中間兩處，鏡凡二。乾隆丁亥初秋，按視學舍。因命學官岑紹參、陳西銘詳度其尺數如右，並繪圖。今不欲棄之，備列於此。

【注釋】

　　[1] 2018 年 7 月廣東崇正拍賣會。

跋《談月色手拓無我款紫檀筆筒拓片》[1]

　　景子大雪，雪中寒說偈曰：「不知天地有塵埃，同向無遮會上回。爛漫橫陳蠐煮粥，人間世味透嘗來。」月色女說偈曰：「雪膚原不著纖埃，明月前身曠劫回。赤為人草稿，自家寫出自家來。」書於白下寒月行窩。鈐印「寒月吟」「蔡寒瓊談月色」「舊時月色盦尼古溶」。

【注釋】

[1] 2016 年中貿聖佳秋拍。「無我」款紫檀筆筒。直徑 15.5 釐米，高 18.5 釐米。面刻一面容清秀的妙齡尼姑赤身睡在芭蕉綠蔭之下的苔石上，姿態自然瀟灑，周圍刻草書偈語「六根淨盡絕塵埃，嚼蠟能尋甘味回。莫笑綠天陳色相，誰人不是赤身來。」款「無我」，制於清康熙年間，原藏廣州西門內檀度庵，後隨談月色還俗帶到蔡守家。平南王尚可喜女因感父親助滿攻明，殺戮漢人，罪孽深重，自願出家為尼以贖父兄罪孽，法號「自悟」。隨自悟出家的十位宮女，其中有一位法號「無我」。

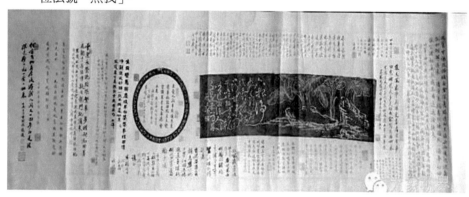

跋宣哲所藏隋大業四年蔡元仲造像拓本

癸丑冬，余將之山左，十二月廿七日道出滬瀆，即與黃子濱虹訪宣古愚哲於歸仁里，並晤程雲岑文龍，遍觀宣氏藏弄金石，程子拓金文數種，余手搨此造象一紙。哲夫識於濱虹寓齊。

附　黃賓虹跋：秦郵宣古愚君與余同僑滬瀆，結為貞社，共出金石書畫，以相娛樂。哲夫兄時已旋粵，氣求聲應，今將北行，把握拓此。濱虹識。

《黃賓虹年譜長編》王中秀主編，榮寶齋出版社，2021 年

題贈黃般若影印曼殊上人畫冊

己未之歲，曲石李大將軍發大弘願，捨五千金，影印曼殊上人畫冊五千卷，分寄海內知交，纔數百卷，餘四千冊有奇，存尚王故宮，明年廣州之亂，付諸一炬。餘存十數卷，頻年為友人索盡，僅賸此一冊。般若畫友以後七年丙寅來紅香爐島，昕夕過從，談藝至樂，因舉此奉貽。午日蔡守識。

《黃賓虹年譜長編》王中秀主編，榮寶齋出版社，2021 年

跋黃賓虹山水條屏

　　瀚市駢車飛馬汗，火雲灼簟擁熊茵。誰知鬧熱趨炎地，卻有馮圖消夏人。遙聞上海今年炎熱酷甚，建庸宗兄屬題黃賓虹《山人消夏圖》。丙寅伏日，寒瓊。

跋林直勉章草對聯林猛藏

　　草書就字體結構觀之，約分為三：一如王羲之、張旭，一如史孝山，一如董其昌、王鐸。惟史孝山出師頌兼隸、楷、草三種筆意，故世識之者稀。直勉兄致力革命廿餘載，艱苦備嘗，於困乏中常以書自遣。茲聯頗有古樸之氣，勁健之概。黃君謂何？共和十八年十一月二十又一日，寒瓊蔡守跋。壓腳鈐「順德蔡守」白文方印。文末鈐「守」字白文方印。

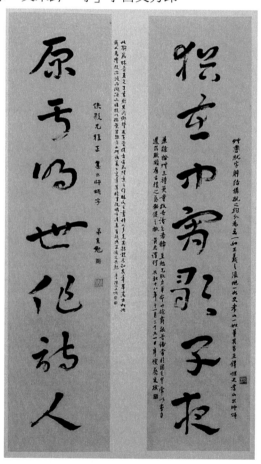

　　附聯語：猶在中宵歌子夜，原於明世作詩人。俠毅兄雅正，集出師頌字，弟直勉。鈐「林直勉」白文方印，「無漏盦」朱文方印。

　　陳永正跋：此聯為林魯直先生書贈其同鄉摯友黃燮侯者，當為經意之作。林氏之書，時人多見其隸體，未知其章草高古如此。前人為學，既沿波而溯源，亦因枝以振葉，習隸者，上研籀篆，下究章草，條貫既明，方得真旨。願與芷齋兄共勉！庚子陳永正識。鈐「陳」「永正」白文方印。

跋漢魯王墓石人銘拓本 [1]

漢魯王墓石人第一。哲夫屬題。

漢魯王墓石人弟二。又題。

鈐「蔡守哲夫」朱文方印、「順德蔡守寒瓊鑒甄商周秦漢吉金貞石刻辭」朱文方印、「梁于渭印」白文方印、「順德蔡守」白文方印、「寒瓊藏大鼎豐碑墨脫」朱文方印、「梁鼎芬觀」朱文方印、「比丘尼古溶」朱文方印、「檀度庵尼」白文方印、「舊時月色盦尼古溶」朱文方印、「哲夫金石」朱文方印、「劉三字三」白文方印、「何昆玉」朱文方印等。

【注釋】

[1] 2018 年 7 月廣東崇正拍賣會拍品。

魏張保洛造像拓本跋 [1]

魏張保洛造像拓本　武定七年二月八日。石在陝西絳州張氏家。孫氏《寰宇訪碑錄》據仁和趙氏拓本，未知石在何處也。甲寅重遊都下得此二面，尚缺二面。鈐「守」字朱文印。尚鈐有「梁鼎芬觀」「維那蔡守」「野殘學人」「哲夫訪記」「靈芬館主」「劉三三字」「靈素」「李尹桑」「黃葉樓讀碑記」「蔡守重遊都門所得」「蔡守審定」「褚禮堂」「尹桑審定」「郭麐頻伽」「蔡寒瓊校勘金石刻辭」「秦齋壬子七十以後所得」「秦齋」「分湖靈芬」諸印。

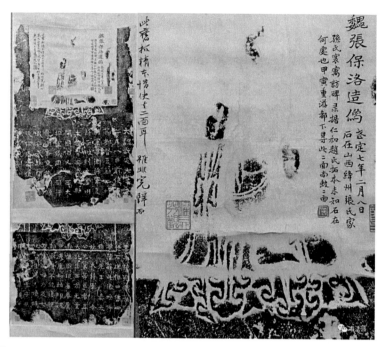

【注釋】

[1] 據西泠印社拍賣有限公司 2019 年春季拍賣會拍圖錄。

題《昭通梁堆石刻拓片》[1]

　　昭通梁堆石刻，拓奉哲夫先生審定。趙宗瀚記。鈐「趙宗瀚印」朱文方印。

　　梁堆全分二十金，只四石，在縣政府，不輕予人施椎蠟，故罕有得者。此劍川趙公子橘䕌督拓寄我，因移贈松窗道丈審定。蔡文寒璸識。鈐朱文長方印「水窗」。

【注釋】

　　[1] 2019 年 3 月廣東崇正拍賣。

題《翁蘇齋縮夫容盆銘硯拓本補畫雪浪石圖》[1]

　　雪浪石歸吾南社於恕廬，曾以四面攝影寄余索圖。戊午臘八日谷九峰以夫容盆原拓寄贈。廬可即於壽蘇會上撫石形入拓本。趙石禪為長句題之。今歲集同社繼為斯會。會後得是脫，與比丘尼古溶同繪此石，聊為明年壽蘇作供。爻記，庚申除夕。

　　硯側一周刻銘曰：「蘇齋學士縮雪浪盆銘作硯，今藏葉氏平安館。道光辛巳春日漢陽葉志銑識。」硯底圈腳刻東坡《雪浪盆銘》一周曰：「畫水之變蜀兩孫，與不傳者歸九原。異哉駁石雪浪翻，石中乃有此理存。玉井芙蓉丈八盆，伏流飛空漱其根。東坡作銘豈多言，四月辛酉紹聖元。」

【注釋】

　　[1] 2018 年 7 月廣東崇正拍賣會拍品。

題《周齊侯罍全形拓本》[1]

　　周齊侯罍二，其一藏儀徵阮氏積古齋，其二藏蘇州曹氏懷米山房，後皆入歸安吳氏，作兩罍軒以張之。自阮文達考釋歌詠，珍為大寶，一時許印林、龔定庵、吳子苾、何子貞各有釋文。吳平齋獨取陳頌南所釋，刻入彝器圖錄，何子貞以為齊侯服孟姜之喪而作是器，使其貴盛而無忌憚，且謂是器歸陳氏，應名齊孟姜壺，證以史事，可備一說。龍集乙丑六月毅夫侍御覓尋此拓，直三百金，雙星度河之日，室人月色侍研天水舊煙。順德蔡守記。鈐「哲夫」朱文印。

【注釋】

[1] 北京誠軒拍賣有限公司 2011 年春季拍賣會拍品。

題《陳用卿紫砂壺全形拓本》

　　吳梅鼎《陽羨茗壺賦》云「尚彼渾成，僉曰用卿醇飾」，觀是壺益信。又案道光間馬傳岩拓用卿一壺，銘曰：「瓦瓶親汲三泉水，沙帽籠頭手自煎。」亦丁丑年者。草書五行，書法正同。丁丑當是崇禎十年也。寒璚跋。鈐「蔡守寒瓊」朱白印。

題《三代秦漢瓦當精脫本冊》[1]

　　繇來一字瓦稀傳，楚衛拜車焦樂便。袁君更獲一關字，余亦喜得顏書仙。甲寅重遊都下得唐「仙」字瓦如魯公書。秋日項城袁子抱存以「關」字瓦拓片郵贈，因題一絕。蔡守。鈐「守」字白文方印。

燕右宮瓦。與燕王鼎彝同，出易州。鄒景叔拓寄。文志。鈐「蔡守審定」
朱文方印。

秦瓦當，已琢為硯。鈐「蔡守審定」朱文方印。

萬歲殘瓦。鈐「蔡守審定」朱文方印。

千秋萬歲瓦。鈐「蔡守審定」朱文方印。

長生未央瓦。鈐「蔡守審定」朱文方印。

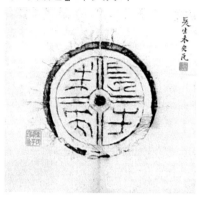

長生無極瓦。鈐「蔡守審定」朱文方印。

上林農官瓦當。鮑子年康所藏。景演九月三日東臺陳墨診邦福贈。鈐「檢房傾城同覩」朱文方印,「蔡守金石跋尾」白文方印。

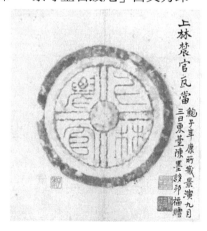

【注釋】

[1] 冊子現存廣州蔡慶高家。

製　器 [1]

製紫檀木蛤蜊茶盞

銘曰：「且食蛤蜊得茶三昧。癸亥八月，寒瓊蔡守。」刻陰文「哲夫」字印。

製紫檀根雕殘荷葉茶盞

銘曰：「其容仰，其質貞。秋風至，蟹眼明。寒瓊屬，寒隱銘。」刻陰文「高」字印。

製紫檀木雕荷葉形香盤

銘曰:「哲夫為窠居製香盤。壬申下元節。」

奇形竹筆筒

銘曰:「雖青汗,不作簡。匪縑緗,而可卷。籩人筥人或冷眼,扈斑袤鐘皆戚畹,端與笑城申繾綣。乙亥清明。月色作,寒瓊草。」

【注釋】

[1] 以上製品現存廣州蔡慶高家。

書　畫

畫《薛劍公小象》[1]

　　薛劍公先生遺象　蔡有守重橅，黃質補圖。諸元志。己酉（1909）夏六月。鈐「民史氏」朱白文方印。

【注釋】

[1] 圖現存美國蔡守外孫家。本書第三冊《牟軒邊璪・薛劍公小象》條蔡守有記
　　曰：「余少時曾假龍江薛氏家廟世守之劍公小象，臨摹一幀。象作寬袍大袖，紗
　　帽籠頭。把卷坐石上，身畔有囊琴匣劍。老友黃子賓虹為補松石。諸大至宗元

隸書署端曰『薛劍公先生遺象。己酉夏四月，蔡有守余早年名有守，後更名守重摹。
黃質補圖，諸宗元志』。『民史氏』朱文方印。高天梅旭、鄧秋枚實、諸貞壯即宗
元別字皆有題詩。余並錄李祈年稔《劍道人小傳》與劍公自為像贊於象上。」

畫《觀硯圖》[1]

余弱植讀吾粵葉氏所刻《返生香》[2]，知小鸞有眉子硯藏賈禺陶氏許，惜
未得見。去年陳子樹人 [3] 以拓本見贈，欣賞不已，即付裝池。壬子十一月廿
六日訪陶君哲卿 [4] 於荔子丹房，竟獲觀是硯，益覺忻幸罔極，歸作斯圖，以
識眼福。蔡守並記。鈐「蔡」「守」朱文長方印，右下壓腳鈐「哲夫成城」朱
文方印。

【注釋】

[1] 據蔡慶高世守《煮夢子硯銘》冊。

[2]《返生香》，清葉小鸞著。由其父葉紹袁收集遺作彙編成集，取名《返生香》。
  後有《返生香附集》收入家族文集《午夢堂集》中。《全明詞》收錄葉小鸞詞 92
  首。葉小鸞，詳見《附錄 蔡守與古人交流考》。

[3] 陳樹人，詳見《附錄 蔡守與時人交遊考》。

[4] 陶哲卿，詳見《附錄 蔡守與時人交遊考》。

畫《番社三石圖》[1]

滿洲人六十三 [2]，字居魯，嘗入臺灣為番社采風考，又見鄒可仁 [3] 為
居魯寫番社三石圖。一似靈壁之卷雲，特高絕。一似白太湖而不透，但形尚可

喜。一小石如青石卵無足觀。但可仁題云「是石質美如琅玕」，或以質取耳。余昔年與李將軍入瓊崖，復偕鍾惺可到鷓鴣啼峒，亦獲地中怪珍不鮮，曾著《瓊閟》言之甚詳。其中《說椰》一書，尤得少瑾 [4] 仁兄佽助為多。且至今時以椰子奇品寄贈，至可感也。因仿鄒氏是圖寄奉。七十八甲子九月□ [5] 重陽後一日，蔡夊寒瓊。

【注釋】

　　[1] 漢鏡堂藏。

[2] 六十三，詳見《附錄 蔡守與古人交流考》。

[3] 鄒可仁，無考。

[4] 少瑾，即丁苑瑜，詳見《附錄 蔡守與時人交遊考》。

[5] □，原文字模糊不清。

畫《陽朔三峰圖》[1]

曩歲陰秋，領兵入陽朔得此腹稿，洵類天外三峰削不成也。黎母洞前五指山何嘗有此峭拔乎。因寫擬少瑾仁兄正，甲子九月，蔡守。

【注釋】

　　[1] 漢鏡堂藏。

畫《狀元石圖》[1]

　　桂林還珠洞在伏波山下，中多石鐘乳。有一最長者，邦人謂其至地必有狀元。余於張建勳、劉福姚及第時鼓枻觀之果然，亦可異耳。嗣聞地質家言，此實關空氣作用，何有於朕兆乎。余以牛石慧□ [2] 筆寫之，頗自題奇也。七十八己巳秋仲，順德蔡守寒璚。

　　同志陳君劍囊之朱耶，為儋耳令。因以贈少瑾先生清娛。蔡守又記。

【注釋】

　　[1] 漢鏡堂藏。

　　[2] □，原文字模糊不清。

畫《水榭紅花圖》[1]

　　吾家聯床小榭倚水濱，春水盈盈，隔岸花紅於火，殊令人娛賞。頻年□ [2] 亂不能去，已十載不見故園耳。少瑾仁兄囑畫。甲子九月，蔡守。

【注釋】

　[1] 漢鏡堂藏。

　[2] □，原文字模糊不清。

題談月色畫《梅》[1]（一）

　　己巳秋八月鼻觀患病，醫者謂須炙奇南，嗅之可愈，苦難得真者。適陳君為儋耳令，外子寒瓊屬寫此寄擬少瑾先生，當可得奇南療余斯疾也。蔡談溶溶月色女並記。鈐「蔡夫人談月色為國花傳神」圓形白文印，「蔡夫人談月色」朱文印，「山家夫婦翰墨娛清晝」朱文印，「蔡夫人談溶溶印」白文印，「月色女畫梅記」白文印。

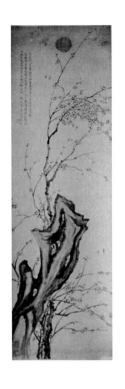

【注釋】

　　［1］漢鏡堂藏。

題談月色畫《梅》[1]（二）

　　七十八甲子重九，令月色女畫梅擬少瑾仁兄清鑒。蔡守寒瓊。引首鈐「七十八甲子」長方形朱文印，文末鈐「思美人」白文長方形印。壓腳「北山詩社」朱文方印、「月色寫梅」白文方印。

【注釋】

　　[1] 漢鏡堂藏。

畫《結廬圖》[1]

　　崖崩新土紅於血，石破深岩黝自陰。獨有幽人來結屋，絕荒寒地發孤吟。己巳人日畫於廣州博物館。順德蔡守瓊並記。

【注釋】

　　[1] 現藏廣州藝術博物館。

題談月色畫《楝花寫生》[1]

　　極目河山黯，悵懷草木深。風信到楝花，依然發故林。簇簇亞柔枝，娟娟綴紫琳。幽人契真賞，召要憩綠陰。奉酒強為歡，解慍風將臨。滄桑頻過眼，烽燧屢驚心。南塘久不作，禦侮誰可任。爰理舊詞翰，帖子寫來禽。窮困何所戚，治亂自古今。但得友朋樂，慘用忘華先。感君篤舊誼，萬里寄元音。一讀

三歎息，不覺淚盈襟。

首都陷後，寒翁月色流為難民，鬻畫自給，竟似泉明乞食。各方友好煦沫難周，而倡隨怡如也！今春劫罅，傲舍棟花盛開，賦詩召友共賞。咸有和作，月色夫人更為花寫照，以一幅題原作其上，遠道示余。讀而悲之，依勻和寄。右錄昆明馬竹庵絜和我《棟花篇》，似蕘農十三兄同欣賞，蔡守寒翁時年周甲。鈐「蔡寒翁」白文方印，「蔡守印信」朱文方印，肖形印印。「己卯口田」朱文方印。

續跋：「亂隙傲舍白下，春莫荒園棟花盛開賦此，召友看花，月色為花寫照。己卯三月，守。」「首夏檢寄滬瀆似扶亞先生清娛，守補志。」

【注釋】

[1] 據西泠印社拍賣有限公司 2019 年春季拍賣會。

畫山水扇面 [1]

乙卯春夜戲俩嘉禾法畫似竹均先生正，蔡守。鈐「哲夫」朱文方印。

【注釋】

[1] 據《廣州藝拍》2010 年夏季拍賣會圖錄。

畫《頑石圖》扇面 [1]

壬戌以後，雪生大將軍根源去，余亦離粵。知國無可為家，挈眷闢地島市卜居九龍潭海山絕佳處。欲收買破銅爛鐵以了餘年，詎啻斷港以來，折閱殆盡。適故人戴季匋、邵元沖南來，邀入粵垣，再為馮婦更衣，戎衣鮮過島市。壬申歲晚重到爾疋窗，得晤廿餘年故人周君頌居，煮茗話舊殊樂。因囑愚夫婦寫扇貽之，詰朝返棹五羊，沍寒特甚，遂圍爐炙硯呵凍作此寄似，並誌歲月重逢。順德蔡守寒璚子記於牟軒。鈐「守之鉥」朱文方印，「記室參軍」白文方印。

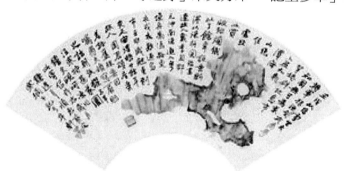

【注釋】

[1] 西泠印社 2014 年秋季拍賣會。

畫《醉石》斗方

　　醉石。王漁洋《六朝松石記》中三石今廑存宋劉季高題名一石，尚在南京西門花□岡胡氏荒園，病罅與陳七彥通訪得。考即張乖厓醉石也。圖寄擬思期仁兄正。庚辰中秋沉痾□起，筆殊孱弱也。茶丈人蔡守時六十有二於白下。鈐「南社蔡守」朱文長方印，「茶丈人」「蔡寒翁」「寒瓊畫石」白文方印。

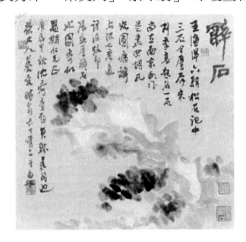

畫山水橫幅圖

　　（款模糊莫辨）

畫山水圖

　　為張丹斧、鄒景叔畫寒岩玉社圖稿本，寒璚志。鈐「守」字朱文方印，「寒瓊」白文方印，「亂畫」朱文方印。

與談月色合作《梅石》圖

　　人英、晏衡賢儷清娛。庚辰中秋節，月下醉後與室人談月色同畫於茶四妙亭。鈐「蔡石談梅」四小方聯朱文聯印。

與張傾城合作山水圖拓片

己未二月，哲夫、傾城合作於寒瓊水榭。

題「歸硯草堂」橫幅

歸硯草堂。（款模糊莫辨）蔡守寒翁。

畫《紅梅》圖

不佞垂老，經此喪亂，更為衰頹。今歲南京寒特甚，競為寒威所欺，蒙豕大病，幸得比鄰趙子潤熙道兄處方輔體，畀孱弱之軀轉健厚，大幸大幸。歲莫與月色踏雪過明焦氏隨園故址，見此奇趣，歸而同畫，用似先生歲朝清供，時同客秣陵杜茶邨之故宅茶丘之西茶恩茶喜之亭。蔡守並識。

題仿孟麗堂畫 [1]

第七十八著雍執徐 [2] 秋七月，吾友黃子賓虹桂林翰山歸，過我談藝，出示在灕江得孟麗堂畫甚夥，因呼室人共欣賞。賓虹亟稱麗堂能用宿墨，故賦色亦古豔，即與傾城、月色同橅是幀。蔡守記。

是歲十月十三日為何敍甫大將軍遂夫人陳坤立三十五生朝，有侯官林涼生大將軍之夏寄陳白陽《富貴神仙圖》為壽，即此本也，方知孟麗堂亦有所本，而山人是圖迺吾粵吳小荷舊藏也。順德蔡守寒瓊又誌於黃埔軍校。

【注釋】

[1] 是幀於 1930 年贈王鯤徙（式園），見《式園時上賢書畫（一）》。

[2] 著雍執徐，「著雍」亦作「著雝」，歲陽名，十干中戊的別稱。歲在辰為執徐。即「戊辰」年。

附　黃賓虹贈蔡守書畫題跋

《壺天閣圖》

為蔡守作仿程穆倩枯筆《壺天閣圖》

附蔡守《溼羅衣》　甲寅十二月二十七夕，仲瑛以余己酉（1909）客上海時寄贈之黃濱虹仿程穆倩枯筆《壺天閣圖》囑題。余去歲北遊，正是日過扈嶺，與濱虹重逢，為作《泰岱遊蹤》卷子亦有是圖，但非焦墨，因走筆填此一闋，聊欲紀實，固未求工也。　聊尋巔囊畫圖中，無端六載匆匆。重展花前，又臘燈紅。去年今夜重逢，寫遊蹤，還輸此幅。潤如春雨，乾裂秋風。

《玄芝閣圖》

哲夫道兄先生獲漢銅「蔡燕」印，於是年十月，即有徵蘭之喜，命名為「燕」，燕為玄鳥，余舉「玄芝」小玉印賀之，因擬羽山民『寶燕閣』之意屬寫玄芝閣，草草塗抹，工拙有所不計也。濱虹質，時己酉（1909）冬望。

山水畫冊

「春日，蔡哲夫以宋紙寄滬索畫，作黃山、白嶽、虞山、焦山、九華、富春江十二景山水圖冊幀寄贈。題：『黃山山麓仰望青鸞峰，縹緲雲際如此，濱虹。』『白嶽以三姑、五老諸峰為最奇，獨聳岡尤清絕可愛。濱虹。』『沸水。虞山最勝之處，足深人懷想大癡棲隱高風。』『虞山訪沸水山莊遺址，坐憩劍門石壁之下，俯瞰昆、尚兩湖，煙波微茫，與海色相接。濱虹。』『焦山別峰庵對江一段，巒光水色，最為清曠。濱虹。』『陵陽九子山以唐李白來遊始著，奇峰嵯峨，與黃山、白嶽相埒。濱虹。』『九華北行一角。濱虹。』『富春江上游景也，余之新安舟中送目，極愛賞焉。濱虹。』『七里瀧。濱虹。』『嚴陵釣臺山麓有四先生祠，以祀謝翱、吳恩齊、方鳳諸賢。濱虹。』『山陰道上‧風景秀媚宜人。予前十年遊此不忍去，圖之以歸。濱虹。』『焦山北岸，江中浮嶼，蕩漾波際，與檣帆乘風，時相掩映。』哲夫社兄得宋紙自粵郵寄索畫，因寫近年遊跡，聊供清賞，工拙所不計也。濱虹黃樸存。」存考：此冊十二幀未

署作年，但畫冊有李尹桑題耑，並跋云「哲夫社兄屬題，癸丑（1913）熟食日，壺父（李尹桑）題」。癸丑熟食日為 1913 年清明節前一二日。

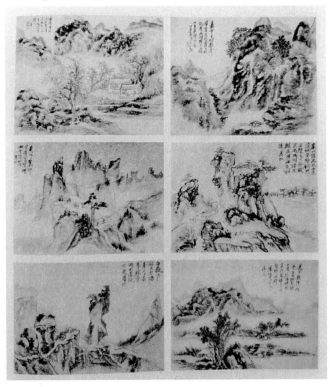

《岱宗遊跡》圖卷

哲父社兄將之齊魯，道出滬上，余寫斯圖，為壯行色。濱虹黃樸存。

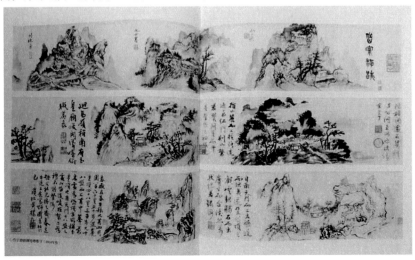

《衝雪訪碑圖》

哲夫社長，殫精金石之學，將遊齊魯，道經滬瀆，余與同醉黃花樓，寫此曬正。濱虹質。

《湖舫讀碑圖》卷

湖舫讀碑圖。乙卯冬月，哲夫社長正。濱虹黃樸存。

《寒瓊離榭談詩圖》卷

寒瓊離榭談詩圖。哲父先生粲正　賓虹質。

《山水扇面》

洩雲琴洞瀆此腹，古木槎牙繚山足。舉頭百丈瀉寒泉，知有高峰插天綠。庚戌秋日傾城大家鑒證，賓虹質。」鈐「黃質」朱文方印。

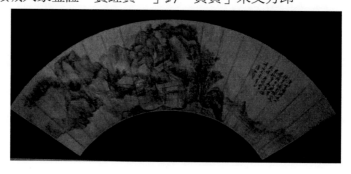

《校碑圖》

哲夫、傾城賢伉儷同癖金石，比哀世變，偕隱越南，"門校碑。戊午寒食節典質衣衩，買得孫氏玉公堂舊藏嵩山三闕銘、關母廟闕『玄九山辛癸同』六

字，均未損，確為明拓墨，並有黃小松手拓太室、少室兩額，及畫像題名、請雨詔等皆備，允稱全壁，洵可寶矣。賓虹黃樸存。

《木孫樓圖》

己未冬，為哲夫道兄屬，賓𧫴寫。

《舊時月色圖》

古溶女德索寫《舊時月色圖》以名其樓，草草不工，即希法鑒。賓虹。

附：高燮題：「樓畔青山一萬重，樓頭人比月溶溶。舊時一樣窗前月，照向河橋便不同。壬戌（1922）春季，吹萬居士題。」

附：高劍父題：「寒瓊齋頭合歡酒，月要長圓花長壽。茆箋夷作居士妻，世間奇事無不有。舊時月色嬌可憐，移來水榭光大千。入三摩地參法果，情癡終證歡喜禪。雙夗央貯珊瑚匣，何須齧臂將血歃。醉心畫更醉心詩，皈依佛亦皈依法。廿年辛苦禮空王，一笑袈裟換豔裝。儒門詎少清淨業，樂地卻在溫柔鄉。華嚴彈指春懷抱，異樣因緣劇傾倒。紅閨話月古禪鐙，赤柱遊仙新畫稿。江南老劍。」

《浙遊絕勝圖冊》

丙寅夏，為談月色作《浙遊絕勝圖冊》。「海門東望。賓虹。」「江上飛帆。賓虹。」「綠港灘在七星瀧口。賓虹。」「聞家堰北岸山。賓虹。」「桐君山。賓虹。」「富春江臨江築樓，境極清曠。賓虹。」「富陽江干塔影。賓虹。」「越溪山色。賓虹。」「之江晚棹。丙寅夏日，追憶浙遊諸勝。月色女鑒，黃賓虹。」

《水墨山水冊》

題簽：「賓虹詩畫合冊。黃溓。」

題首：「賓虹散人詩畫合冊。月色盦藏，景演上巳鄧爾疋篆。」

「鬆口落落樹旌幢，沙岸晴波繁小艭。萬籟不喧清盡永，出林忽聽寺鐘撞。虞山。賓虹。」「幾日秋陰放嫩晴，溪流添漲趁舟行。歸雲喜見遙山色，下瀨驚喧驟雨聲。岩瀨。賓虹。」「連江雨氣初沉白，隔塢山容泉斷青。卻為吹雲，輕陰昀忽度茅亭。天湖。賓虹。」「向晚舟回楓樹林，漏天碎影日西沉。蕭疏襯出丹黃葉，一片口霞落水潯。池口。賓虹。」「簇簇新蒲長紫茸，溼雲初斂雨微濛。溪波十里湘紋細，貼岸輕帆颭晚風。口池杜湖。賓虹。」「山轎紆回

入翠嵐，尋香石背見叢蘭。露芽折向日亭午，隨引一蜂時往還。金華山中。賓虹。」

《寒月行窠圖》

丙子（1936）臘月，哲夫先生屬寫《寒月行窠圖》，塗此博粲。予向。
陳衍題引首：「寒月行窠圖。八十二叟衍書耑。」

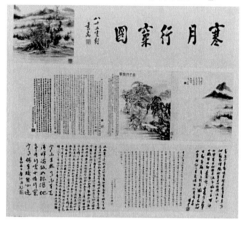

《黃賓虹年譜長編》王中秀主編，榮寶齋出版社，2021 年

題蔡守藏江蓉蓮峰《九歌圖冊》

有明仇十洲畫《離騷·九歌》，曩藏余族茨蓀太史家，咸豐兵亂散失，後歸朱丈寄洲。寄洲收庋極富，然以此冊為壓卷，余過其齋，恒出冊以誇示。且以為通繢事如余族中鳳六、柳溪諸公，皆能廣睹古今名蹟，故筆筆有來歷。郡城江丈蓮峰，幼通書史，工吟詠，所遊江淮間，王小某、釋蓮溪皆極稱之，而與陳若木交誼尤篤。及歸黃山，皤皤黃髮，時與寄洲丈為文酒之樂。余以治農田水利之暇，得時時聞諸先生之議論。今寄洲、蓮峰已歸道山，而余出旅滬，眴將兩載。哲夫道兄工書善畫，獲斯冊子，展玩久之，人事變易，曾不十年，已足深人今昔之感，為此題之，不勝憮然。黃山黃質。

題蔡守廣東曲法縣南華寺北宋木刻造像拓本

麻沙宋槧此先河，一片沈檀歷劫多。補輯南天金石外，搜奇端屬蔡君謨。
己未冬，為哲夫題木刻造像。賓谼。

《黃賓虹年譜長編》王中秀主編，榮寶齋出版社，2021 年

《國粹學報》博物圖畫

與吳曉峰、林銳合作

博物圖畫一《食蠅草》

比來於合浦之地角嶺下得一異草，鱗疊而生，圓如錢，色澹紅，艸心吐一小華，亦紅色。葉有毛，毛有膠，小虫類誤觸之，則不能脫，亡何死，艸則吸其液以滋養，迺草木而肉食者之一種也按太西博物書載草木而肉食者甚繁。太西諸書名之曰食蠅草或曰日露草，考吾國博物群書悉未載，畫且識之，聊補嵇悅道《南方草木狀》之缺。

丁未夏午，順德蔡有守喆夫揮汗抄生。鈐朱文方印「喆夫」，白文方印「有守」，朱文方印「順德蔡□」。引首鈐「筆癢」朱文長方印，右下角「成城子」朱文方印。

《國粹學報》1907 年總第 30 期

博物圖畫二《鴉詩地安》

昔於煙臺海裔得一物，甚奇。初生如蝌蚪，游泳於水湄。長成托根於石上，宛植物焉。體軟，色黑，口能吸物，亦有知覺，但不移動矣。吾國前人不曾發明，故莫知其名，嗣讀渴氏 hoid 之書，知其名曰「鴉詩地安」意小軍持也，Ascidian，茲更譯渴之書及臨其解剖之圖，以貢獻于我國人。渴氏曰：「初生動物，尟有脊骨者，無脊骨以前，腹中已有空洞處。空洞之中，更生一筒以納食物也。其筒長甚速，故盤而生焉。動物有腸，由是來也。此為蚯蚓之類，此等動物尚無骨，搖動不易，故體中漸長一軟骨如筋者，於背間外生，以易知覺，皮以裹之。此乃漸成脊骨之鐵證也。凡動物均如是造成者，鴉詩地安亦其一也。」可謂有脊骨動物之初矣。

丁未夏五月下旬，順德蔡有守圖並識。

（解剖圖解）鴉詩地安初生之圖，（另解剖圖解小字說釋文文字模糊不清）。鈐「有守」朱文方印，「哲夫譯」朱文方印。

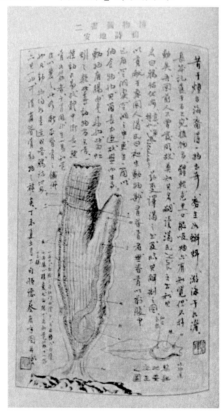

博物圖畫三《普安異獸》

普安異獸。乙巳冬從哲夫夫子遊古羅施鬼國山中得之。問土人亦無識者。乞夫子繪之以質博物君子。匏香。鈐「楊四娘」白文長條印。

余得此獸昔，甚欲以媵博物院，道遠不果，收其甲革又不得法，亡何臭腐，遂棄之，祇描此圖。遍攷古今圖書，遍詢中外朋友，亦不識。豈天地造物有獨一無二者邪？哲夫識。鈐「蔡」朱文方印。

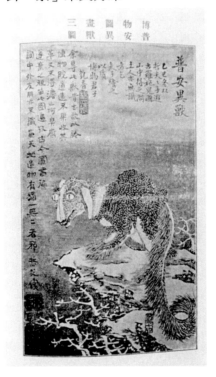

《國粹學報》1907 年總第 32 期

博物圖畫四《鱟魚》

鱟，吳越閩粵沿海有之，而合浦海濱尤多，群行如簰筏。《番禺雜記》[1] 所謂「鱟簰」。《海錄碎事》[2] 所謂「鱟帆」是也。雌常負雄，雖風濤終不解。故漁者取之必双得。《吳都賦》[3] 曰「乘鱟」。《爾雅翼》[4] 曰「鱟媚」，諒哉！按《山海經》注云「如惠文冠」，《廣志》[5] 云「似便面」，《雨航雜錄》[6] 云「若覆釜」，《寧波志》云「類覆斗」，所言都肖。其殼甚堅硬，腰間橫文一線，軟可屈摺，色如蟹殼青，尾三，方勁而尖，能以擊刺物。背尾均有刺，頗銳。目在背，硬與殼垺，黑而光闇，牡牝皆有之。《爾雅翼》《雨航雜錄》僉謂「雄

者無目」，非也。腹下有足十二，前二者小而堅銳，廼拾取物食者；中八者長而稍軟；後二者最長。鉗上更有四指頗軟，想利於沙上行也。足後更有二小翅，有類蟹者兩行，足間為口唇六片，片片相交，柔刺叢生焉。腹有臍，亦似蟹者，但五葉相疊，能開合，牡牝約略相同，唯雌大雄小，大者長可三四尺。雌者有子如菉荳，在額骨內，取之可作醬。楊誠齋有《鱟醬詩》[7]。剖之，雄者肉少，血碧色，腸直無曲，腥絕。然亦有人能食之者。《閩部疏》[8]云：「殼可代杓。」皮日休取之作訶陵尊，似可也。但《嶺表錄異》《北戶錄》皆云「尾有珠」，《酉陽雜俎》云「尾可作小如意」，則余未見也。《埤雅》[9]曰：「其性畏蚊，蚊小螫之，輒斃。」暴之日中，或窗隙光射之，即死。余今置一雙於院中，而數日未死，又似不盡然也。又考渴□Hind《天擇圖說》所載，犅勞擺得譯音 Tnilolile 云是海中最古之介類也，繪之與鱟相類。

　　丁未六月順德蔡有守哲夫繪並識。鈐「成城子」朱文長方印，「璿林世家」朱文長方印，「順德蔡氏」朱文方印，「有守喆夫」白文方印。

【注釋】

[1]《番禺雜記》，宋鄭熊撰。

[2]《海錄碎事》，宋葉廷珪撰。中型類書，搜輯群書中的新鮮詞語作為標目，分門別類引據舊籍，以便讀者尋檢故實之用，頗有類於今日的詞典。因抄錄群書的範圍廣博如海，而其搜輯的事實或細碎如竹頭、木屑，故名之曰《海錄碎事》。

[3]《吳都賦》，晉左思作。左思，詳見《附錄　蔡守與古人交流考》。

[4]《爾雅翼》32 卷。宋羅願撰。釋《爾雅》所引物種，計《釋草》8 卷，凡 120 種；《釋木》4 卷，凡 60 種；《釋鳥》5 卷，凡 58 種；《釋獸》6 卷，凡 74 種；《釋蟲》4 卷，凡 40 種；《釋魚》5 卷，凡 55 種。

[5]《廣志》，晉郭義恭撰。介紹中國古代生物物種。

[6]《雨航雜錄》2 卷，明馮時可撰。上卷多論學，論文。下卷多記物產，而間雜陳事。

[7] 楊誠齋有《鱟醬詩》，楊誠齋即宋楊萬里。詩曰：「忽有瓶罌至，卷將江海來。玄霜凍龜殼，紅霧染珠胎。魚鮓兼蝦鮓，奴才更婢才。平章堪一飯，斷送更三杯。」楊萬里，詳見《附錄　蔡守與古人交流考》。

[8]《閩部疏》，明王世懋 撰。其自序云：「今天下內外官，得行部遍者，直指、督學兩使者而已。世懋束髮宦遊，多歷海內名山大川，而恒以未識閩越，啖生荔枝為恨。歲甲申，詔起為閩督學使者。以是歲十二月入部，過武夷山，雨中酹先大夫祠而去，弗及遊。以明年之正月，從福州出校汀州始，迄七月而畢八郡。既已低首，日夕校士，而居恒慎儉，不好市閩物，不羅致珍羞，餤飪然，頗有揚子雲之僻。時時簪筆，從輿人問及軺車所經見，輒記赫蹄上，久之成裹。其言散蔓複雜，都無銓次，竊比於葛稚川、盛弘之之義例云爾。倦遊且歸，鄉人父老從我徵閩事者，懶於口授，手一編示之，庶幾人得臥遊。後有宦遊茲土者，當知予言之非佟。」

[9]《埤雅》20 卷，宋陸佃著。訓詁書，專門解釋名物，以為《爾雅》的補充，所以稱為《埤雅》。

博物圖畫五《無花果》

丙午客夏口英吉利領事館，中有園數畝，倚揚子江干，林木幽邃，余每婣隅詠罷，輒散步其間。林中有樹數株，高可齊檐，枝葉如桑，春夏之交，魆見其不花而寔，寔微有刺，大如青梅，詢諸園丁，曰：無花果也。余破而眤之，

中如濕絮，有汁如乳，亦無子。余甚異之，浹辰，見其實之微刺忽長，而色白，越三日，則長可半寸許，色若珊瑚，儼然一球花也。審視之，並非花瓣，迺為芽也。破之，每芽之顛含一子，色黑而堅，大如半粟。噫！異矣怪哉！凡木之結實也，必先開花，花落由蒂而成，寔實中而含子，未有先成實，由實而吐花，花中而含子者也。土人云：是花可療婦女體胖不時之症，然乎否邪？余不敢知。但素稱無花果者，如木瓜、羅漢果，均另開花，不與實相干耳，從未有如是之奇者。成城子哲夫並識於蠹樓。

　　無花果。哲夫蔡有守寫生。鈐朱文長方印「成城子」，橢圓白文印「蠹樓」，右下角「強行有志」白文方印。

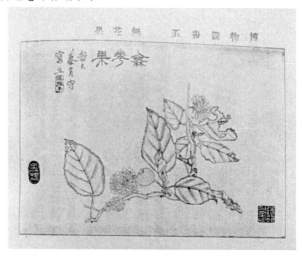

博物圖畫六《石蚨》

　　石蚨或作蝴，《通雅》[1] 曰一名「紫𧒩」或作蕭，非。荀子曰：「東海有紫結丹鉛。」《總錄》曰：「紫結即石蚨也。」《臨海水土記》[2] 曰：「一名石鮭。」今考之石蚨有兩種，均附海裔石上而生，牡蠣之類而小者也。一種形如瓶𧒩，或碗碼相連而似蠣房。大可如杯，小者如豆、如粟。初生時若花蕾叢攢，蜂窠羅列。色俱青黑。口有兩撿宛雙扉。潮生則開，吐出一耗𧒩，狀如手爪，頻頻收放，以攫取海中微生物。郭璞《江賦》[3] 所謂「石蚨應節而揚葩。」謝朓詩所謂「紫𧒩華春流」是也。一種如蘚菭平疊而生，色青紫，開合亦隨潮汐，無耗𧒩攫物。《海碎錄》曰「龜甲」，《南越志》[4] 曰「龜腳」是也。海裔咸有之，且不獨附生石上。如瓦礫、竹木、螺殼均可依附而生焉。疆圉協洽（丁未 1907）

七月既望，有守並記。

　　石蚨，疆圉協洽相月，順德蔡有守哲夫繪於合浦之蠡樓。鈐「有守」白文橢圓印，其餘三印模糊難辨。

【注釋】

[1]《通雅》52 卷，明方以智撰。

[2]《臨海水土記》，漢楊孚著。

[3]《江賦》，晉郭璞作。此賦遣詞用字頗具功力，描繪具體特色事物時多巧構形似之言，頗具興味，以自然、歷史、現實、傳說的藝術昇華創造出一條博大、壯美、神奇的長江。

[4]《南越志》8 卷，南朝宋沈懷遠撰。原書已佚。《說郛》《漢唐地理書鈔》等均有輯錄。記載上至三代下至東晉嶺南地區的異物、建置沿革、古蹟、趣聞等。

博物圖畫七《雲南貓猿》

　　考英國李林碓 Lydekker 所撰《動物史》Boyal Natrul History 云：「中國之雲南與安南、緬甸接壤處，有猿一種，名曰羅而士 Loris 笨也，字出荷蘭國又名畏羞貓 Slarm·indi·Billi 怯也，字出印度。居深林中，足不履地。日匿夜出，行甚遲鈍，身固笨重也。前爪拇指距四指甚遠。次指甚短，後足稍長於前足。無尾，眼類貓，能無光而開斂。」按貓類之目，夜出者多如是，視光之大小張斂隨之。《事物原始》云「子午一線，卯酉正圓」等說，妄甚。手足毛短若無。耳甚短，與毛平。毛色

不一，灰者為多。眼眶外有一圍黑毛。鼻白耳黃，所食者樹葉、樹牙、樹寔、蟲鳥、鳥卵。攫物時能立，平時不鳴。唯怒則鳴，聲甚悲壯。因夜深始出，故人罕見。睡時四足緊抱一樹，而首藏匿於臂間。生子一胎一頭。初獲甚惡，不久輒馴，但甚畏寒，按猶與猿類也。未省是此獸否？余姑名之曰「貓猿」，以其目類貓也。樓竹翁先生自安南歸，遺我一焉。因繪之以寄《國粹學報》。丁未九日，蔡有守識。

雲南貓猿。哲父有守首繪。鈐引首「蔡十六」長方朱文印，後鈐「有守」白文扁方印，「喆夫」白朱文扁方印。左下角「琁林世家」朱文長方印。

博物圖畫八《狐》

狐，舉國有之。不特舉國有之，遍寰宇有之。無之，僅南美洲耳。陶隱居云「江東無狐」，謬甚。效亞細亞洲之狐，較佗處者色赤亦有玄白者，不多見也。《詩》云「莫赤匪狐」是也。叢毛蓬尾，足躇跡狃。穴地而居，或處巖洞林薄，晝伏夜出。常獨居，鮮群處。《本草》釋名曰：「狐，狐也。狐性疑，疑則不可以合類」，諒哉。狐春間孕子，時或在老樹空腹中，一胎五六頭。身之修短靡定，二尺有二寸至三尺有八寸不等。尾亦然，一尺至一尺有三寸不等。走甚捷，

日可百里。故《楚辭》[1] 稱其健走，誠然。唯走必曲折，從不箭鋌。尾有囊，蓄一種臭氣。故獵犬易蹤而得之。至若《抱朴子》[2]《酉陽雜俎》[3]《淵覽》皆云狐有千歲、八百歲、三百歲者，妄言也。嘗考動物最壽者龜，可生二百年。象可生一百有二十年。鯨可生一百年，未有過三百年者。又若《孝經》《援神契》《瑞應圖》《白虎通》《山海經》《呂氏春秋》《竹書》《周書》《東觀漢記》《古今注》《魏略》皆云狐有九尾。余亦未敢信也。更如《說文》曰：「狐妖獸，鬼所乘也。」故稗官野史盛言狐祟，尤不值通人一噱。丁未九秋，成城子哲父識於一顧樓。

狐。哲夫有守画。鈐「蔡」圓形朱文印，「腳跟無線」方形壓腳印。

《國粹學報》1907 年總第 34 期

【注釋】

[1]《楚辭》，戰國屈原著，詩集。屈原，詳見《附錄　蔡守與古人交流考》。

[2]《抱朴子》，晉葛洪著。葛洪，詳見《附錄　蔡守與古人交流考》。

[3]《酉陽雜俎》，唐段成式著。段成式，詳見《附錄　蔡守與古人交流考》。

博物圖畫九 《蛛蟹》

蛛蟹。為南溟蟹類最巨者也，大十有四尺。彊圉協洽展重陽節，順德蔡有守哲夫氏寫生於北海之鰲嶼。鈐「奇璧氏」朱文橢圓印，「無賴」朱文長方印，右下角壓腳朱「雪味厂」白文長方印。

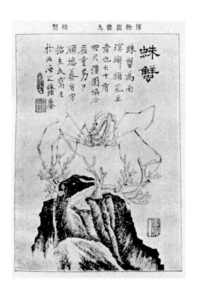

博物圖畫十《珠蚌》

珠蚌。丁未秋九月哲夫寫生於合浦郡之北海。鈐白文扁方印「有守」,「哲夫」朱文扁方印。

合浦素稱產珠之地,以白龍城為最多,俗呼珍珠城。考蚌之生珠,寔為其病。《文心雕龍》曰「蚌病成珠」,洵不謬也。太西博物家所說亦符。合浦之珠,其形也,有珠有璣,白色以外,尚有豆綠、桃紅者。比年出甚少,今市上所賣者,多屬安南所出者也。哲夫又記。鈐「哲父」朱文異形印,左下角壓腳「琪璧長壽」朱文圓印。

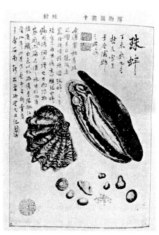

博物圖畫十一《海螺十一種》

海螺十弍種。哲父抄生。鈐「有守」白文橢圓印。

溫帶海中蠃族，奚衹京姟之數，比來久病甫瘥，挈內鼇張頑城同避合浦之坴角嶺下，遵海裔而行，戲依鬬草迻，各拾蠃以多者勝，洵一樂事也。今成圖二幀，都廿三種，亦是日采得者之分耳。哲再識。鈐「奇璧」朱文圓印，右下角壓腳「成城」白文方印。

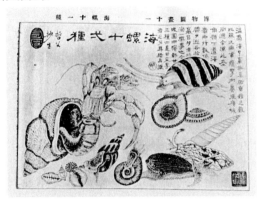

博物圖畫十二《海螺十二種》

海螺十二種。有守寫真。鈐「蔡」朱文圓印，「十六子」朱文方印，「大我堂」朱文橢圓壓腳印。

重博物圖畫十二《鵪鶉》

鵪鶉。丁未十一月吳江沈塘補圖。

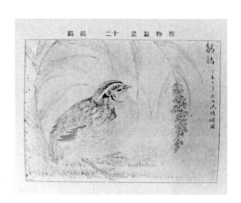

《國粹學報》1907 年總第 36 期

博物圖畫十三 《玄熊》

　　玄熊。玄熊，臺灣、瓊州都有之。胸有白毛一片，如三角形。立高可五六尺，重可壹百五十餘斤。耳大頷尖，善緣木，能游水。冬亦不蟄，食核桃、梨子、蜂蜜、瓜果，又每出偷米粟，出必全家，雄者先，雌者隨之，其次子長先幼後，一一逡行。春日產子，每胎兩頭。丁未冬十二月順德有守畫於合浦郡，時年二十有六。鈐「喆」「夫」連珠文方印。

《國粹學報》1907 年總第 36 期

博物圖畫十四 《皂雕》

　　皂雕，《本草集解》曰：「皂鵰，即鷲也，出地北。」有守按：雕，立高約三尺有奇，居深山大壑中，每奮翮上薄雲霄，盤旋空中，無細不覩。《本草‧釋名》曰：「鵰以周之言其搏擊之異。」諒哉。鈐「有守」朱文長方印。

《國粹學報》1907 年總第 36 期

博物圖畫十五《鴷鳥》

鴷鳥。鴷，《爾雅·釋鳥》曰：「鴷，斲木」。《異物志》曰：「鴷鳥，舌長五寸，有大有小，有褐有斑，褐者是雌，斑者是雄。又有青黑者，頭上有紅毛，生山中，土人呼為山啄木，大如鵲。」《埤雅》曰：「鴷鳥取蠹於深，以舌鉆之。舌長於味，杪有針刺。」《七修類稿》曰：「《異物志》謂啄木大如鵲，喙與足背皆青，与今所見相符，但形大於鵲，而時有紅嘴者。」及見王元之詩曰：「淮南啄木大如鴉，頂似仙鶴堆丹砂」，則形色又異之矣。後讀《爾雅·翼》方知有兩種，大者頂有紅毛，謂之山木啄。哲夫蔡有守，鈐「日□吉」朱文橢圓印。

《國粹學報》1907 年總第 36 期

博物圖畫十六《結士籌撥士》

結士籌撥士兩種。結士籌撥士者，拉丁名詞也拉丁文（略），其意則腹代足也。此兩種皆余比來在合浦海濱所得者，上一種裙若花瓣，叢叢而生，黃色，身有藍點、白點、紅點不一。按李氏《動物史》曰「伊奧利埭牙拉丁文（略）食海花拉丁文（略）海花者，海蜇之類而生根於石上者子甚多，每一可生六萬子」云云。下一種兩唇如翼，觸之則縮，小如桃栗，身長一二寸許，色綠，有白點，名曰依利施牙 Elgsia，食海帶拉丁文（略）。丁未九秋哲夫並識。鈐「喆夫」朱文長方印，「□」，左下角朱文扁方印「抒風廊」。

博物圖畫十七（原文缺）

博物圖畫十八《犛》

犛。犛或作氂、犛、犛。《莊子》曰：「犛牛大若垂天之雲。」《廣志》曰：「犛牛，黑色，出西南徼外，腹下及肘皆有赤毛，長尺餘，而尾大如斗。天子左纛，此尾為之，出梧州。」《漢·郊祀志》曰：「殺一犛牛。」注：西南夷長髦之牛也。《埤雅》曰：「氂牛出西域，尾長而勁。中國以為纓，人或射之，亦自斷其尾。」《物類志》：「犛牛足四節。」《物類相感志》曰：「旄牛腹下及後肘皆有赤毛，背有赤毛一尺。」《水東日記》曰：「氂牛與封牛合，則生犏牛，極類氂牛，偏氣使然，故謂之犏。」《一統志》曰：「甘肅出犏牛，力能載重。」

《山海經》曰：「小華之山，其獸多氂牛。」吳任臣曰：「㿤牛即犛也。」司馬相如《上林賦》曰：「庸旄貘犛旄。」亦注曰：「犛牛即今之貓牛也。貓當作犛。」《爾疋》曰：「犘牛。」李東壁曰：「犘牛即犛牛也。」《爾疋》曰：「犦牛。」《注》：「旄牛也，髀、膝、尾皆有長毛。」有守曰：余登崑崙嘗見之，高可七尺，重千餘斤，角長三尺，喜冷畏熱。每居之蓋出海西二萬餘尺者。雌群居，雄獨處。晨夕出覓食最□之草，飽則臥於最高峭之峰。余至甘肅時，見有豢之以載重，甚馴，大力，不畏寒，唯不食五穀，須覓勁草飼之。□□□□。有守。前鈐「考藏圖志」朱文方印，文後鈐「有守」白文方印，下鈐扁方印「我與九天同日生」。

博物圖畫十九《雉》

　　吾國雉類種類固繁，名因之亦眾。《爾雅》說四方之雉，有鷮有鵗有鷷有鷸。楊炯曰：「華蟲，雉也」。《夏書》曰：「雉翟。」《山堂肆考》曰：「原禽。」《爾雅》又曰：「翬」；曰「鷸」。《禽經》曰：「鷩」；曰「翰」。《詩》疏曰：「鵗。」《梵書》曰：「迦頻闍羅。」《說文》曰「雉有二十四種」，信然矣。英國動物史亦云，中國雉類最多，不勝枚舉，諒哉！疇昔登終南山，嘗見一雉甚異。項至顋蓬毛如肩披，色雪白而斑文，尾長七尺二寸有奇。色白黑文而赤理，身黃綠，翼青黑，皆彩而不文。腹白胸黑，頜赤眼青，喙黃腳青，洵雉之罕見者也。丁未冬十月有守記於合浦客次。鈐「哲夫」朱文方印。

《國粹學報》1907 年總第 37 期

博物圖畫二十《蒲魚》

　　蒲魚，《潛確類書》云：「蒲魚，乃鱝魚也。」今廣州曰蒲魚尾如蛇，口眼不相營。有守按：是魚口在腹而目在倍也。《廉州府志》云：「蒲魚形如命字，身扁無鱗。有數種。」俗誤作鮄，音鮄，江豚也。哲夫有守並誌。鈐「有守」朱文方印，「哲夫」白文方印。

　　蒲魚之尾，西人取以為車上馬鞭，長者可五六尺，以金銀嵌柄，柔韌不斷，甚可用也。哲夫又記。鈐「哲夫」朱文長方印，右下角朱文方印「有奇堂」。

《國粹學報》1907 年總第 37 期

博物圖畫二十一《空豸》

空豸。《興化府志》云：空豸，俗呼空大，又名泥星。殼極薄，肉極輕，虛如水沫。李氏云：「藍海蝸牛也。（下拉丁文模糊莫辨）也。其體輕，故能倒行水面。又能以其膠作以浮，浮中有納空氣孔子，亦繫於浮之下。」喆甫繪並誌。鈐「成城」白文方印，壓腳「鳳仙來儀」朱文方印。

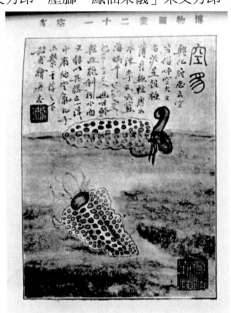

博物圖畫二十二《鯊魚》

鯊魚。《六書故》[1] 云：「鯊魚海中所產，以其皮如沙得名。哆口無鱗，胎生。」有守考鯊魚有子，唯成魚然後生，其類甚繁。今此二種，一名青頓鯊，背青腹白，大有丈許者，尋常所見亦長數尺。市上所沽魚翅，多是此種之翅。一名犂頭鯊，喙如鴨嘴，甚長，頭角猙獰，令人可怖。《五雜俎》云：「鯊魚重數百斤，其力如虎。漁者投餌即中，徐而牽之，怒則復縱，如此數次，俟至岸側，少困，即拽出水，急以利刃斷首，少遲恐有掀騰之患。故市肆者未嘗見其首。」李時珍曰：「鯊鼻前有骨如斧，能擊物壞舟。名挺額魚，又曰鱕鯌，謂鼻骨如鐇斧也。」《交州記》曰：「鮫魚出合浦，倍有珠文堅強，可目飾刀口，又可目鑢物。」《交州異物志》曰：「鮫之為魚，其子既育，驚必歸母腹。」《廣州府志》云：「鯊魚子隨母行，驚則從口入母腹，復出。」

有守志。鈐「奇璧」圓形朱文印，壓腳「名予曰有守兮字吾曰哲夫」白文方印。

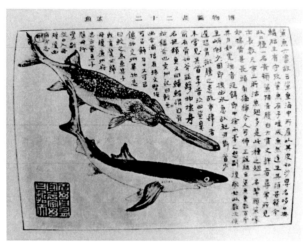

《國粹學報》1907 年總第 38 期

【注釋】

[1]《六書故》33 卷，前附《六書通釋》一卷，宋戴侗撰。戴侗（1200～1275），字仲達，永嘉人，著有《易書四書家說》《六書故》。

博物圖畫二十三《劍鯊　丫髻鯊》

劍鯊　丫髻鯊。《山堂肆考》[1] 曰：「劍鯊，長嘴如箭，對排牙棘，人不敢近。」《廉州府志》亦云：「有劍鯊。」《寧波府志》則稱「鋸鯊」。《爾雅·翼》曰：「大而長喙如鋸者曰『胡鯊』，性善肉美。」《山堂肆考》曰：「丫髻鯊。頭如丫髻。」有守按：鯊之種族淘不可勝計，名亦繁。《海語》[2] 則稱「魚麗」。《寧波府志》又曰：「鯄，曰鰽。」《通雅》曰：「鮫，海鯊之大者。」《正字通》引左思《吳都賦》：「鮫、鱝、鯌，皆鯊也。」《一統志》曰：「鯌魚，大盈丈，腹有洞貯水，以養其子。」《酉陽雜俎》云：「奉安縣出鯌魚，頰赤如金。腹下甚白。魚子生後，朝出索食，暮入母腹，出從口，入從臍，腹中容四子。甚健，網不能製。俗呼曰河伯健兒。」丁未秋九月，順德有守哲夫繪並記於阮籤。鈐「哲夫」朱文圓印，又壓腳「筆蟬」白文長方印，左下壓腳「哲父作」朱文方印。

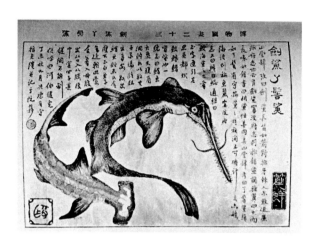

《國粹學報》1907 年總第 38 期

【注釋】

[1]《山堂肆考》228 卷，補遺 12 卷。明彭大翼撰。大型類書。

[2]《海語》3 卷，明黃衷撰。就舟師海賈所經歷，詢悉南海山川風土，衷錄成編。全書分風俗、物產、畏途、物怪等四類。

博物圖畫二十四《貀》

貀。《爾雅》曰：「貀無前足。」郭璞注曰：「晉太康七年，召陵扶夷縣檻得一獸，似狗，豹文，有角，兩腳，即此種類也。或說貀似虎而黑，無前兩足。」有守按：貀類雖不一，然從未有角者。《說文》曰：「貀獸無前兩足。」《異物志》曰：「貀出朝鮮，似狸，蒼黑色。無前兩足，能捕鼠。」有守按：貀寔具四足，但後二足少用，而多合。在水中，宛如魚尾。《說文》《異物志》皆謂無前兩足，誤矣。尤異者謂能捕鼠，庸知貀常居水，所食均介類。偶外出水，皆在海滋石上不與岸連者。烏得鼠耶？《臨海志》[1] 曰：狀如鹿形有守曰：異哉！豈謂見有斑點乎？頭似狗，出東海中。寇宗奭曰：「今出登萊州，狀非狗非獸非魚，前腳似獸，尾即魚有守曰：『惡何以知其一而不知其二也』，身有短青白毛，毛有黑點。」有守曰：以上各說不符，然最近者莫如寇說。但謂其尾即魚，則大謬矣。有守客蓬萊時嘗親見之。貀身長五六尺，色蒼白而黑點，頭如狐，喙甚銳，耳甚短，幾不見。前兩足如熊掌，甚長。後二足常合，遠視若魚尾。居淺水海灣，每隨潮上石。登時先以兩前足攀石而登。春夏之交產子，每胎一頭，多者兩頭。子少時不解游水，須母教之，每沉水底一刻鐘，必出吸空氣。繇是觀之，可知貀實陸上之獸也。豢之甚易馴。與《唐書》所載「防虞籠檻，甚於豺虎，往往噬

人」不俸。柳耶須告余曰，伊曾豢一頭，極馴。聞伊奏琴必靜聽。太西動物史亦謂其喜聞樂。有守記。鈐「喆夫」朱文方印，壓腳「奇璧」朱文方印。

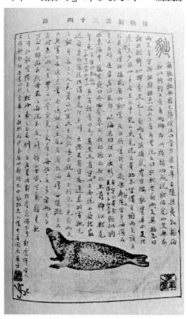

《國粹學報》1907 年總第 38 期

【注釋】

[1]《臨海志》，《臨海縣志》，民國二十三年重修出版。

博物圖畫二十五《夔》

夔。《帝王世紀》[1] 云：「黃帝於東海流波山得奇獸，狀如牛。蒼身，無角，能走，出入水則風宋 [2]。其聲如雷，名曰夔。」《文選》：「夔，翹首夆夆夕陽。」《蟬史》[3] 曰：「夔，水獸。」《說文》曰：「夔，神魖也，如龍一足。」《魯語》曰：「木石之怪曰夔」，謬絕。有守曰：夔，水獸也。西人呼曰鯨馬英文略，亦貀類也。地卓不見。身長一丈有奇，重二千餘斤，兩大齒長一尺許，用以上冰岸者，冰海最多。人取眾，今漸少。少時有毛，逾老則逾脫，故老者幾若無毛，居淺水，少入海。牡者三年一孕，春夏之交產子，產子時登陸，半月不入水。每胎一頭。子食乳兩年。聲最雄，群吼遙聞十里。尋常甚善，不害人。地獲之則甚猛，有一被創，群皆護之。食大蚌，以齒破其殼，啖其肉。亦食魚及海藻。每夔可得膏四百斤，牙廿磅，每磅鬻八九元。有守記。鈐「哲夫」圓形朱文印。

夔俗呼海馬，牙與象相埒。哲夫又記。鈐「蔡守」朱文長條印。

《國粹學報》1907 年總第 38 期

【注釋】

[1]《帝王世紀》，西晉皇甫謐著。專述帝王世系、年代及事蹟。上起三皇，下迄漢魏。多採自經傳圖緯及諸子雜書。

[2] 宋，古文「雨」，《字彙補》古文雨字。《遁甲圖》雨師作宋。

[3]《蟫史》，清屠紳著。分為羽蟲、毛蟲、鱗蟲、甲蟲、諸蟲五類。

博物圖畫二十六《貘》

貘。《爾雅》曰：「貘，白豹也。」郭璞注曰：「似熊，小頭庳腳，黑白駁。能舐食銅鐵及竹。骨節疆直中實，少髓，皮辟濕。」《說文》曰：「貘似熊，黃色，出蜀。」《抱朴子》曰：「東方識啖鐵之獸。實賴神禹之書、大荒之籍矣。」《神異經》[1] 曰：「西荒之中有獸焉，長短如人，著敗衣，手虎爪，名貘㺊，欲食人腦，即舌出盤地丈餘。人先聞聲，燒火石以投其舌，洒死。不然食人腦矣。」《廣志》曰：「貘大如驢，色蒼白，舐鐵消十斤。其皮溫煖。」《埤雅》曰：「貘，獅首豺髮，銳䯭卑腳。」《圖經》曰：「貘，象鼻、犀目、牛尾、虎足。」《物類相感志》曰：「貘溺能消銕為水。昔閩民誤吞針入腹，刺血盈盤，以貘溺服之，其針消矣。」《本草彙解》曰：「今黔蜀及峨嵋山中時有貘。土人鼎釜多為食。」《圖經》曰：「貘骨極堅，以刀斧椎鍛，鐵皆碎，落火亦不能燒。人得之詐為佛骨，以誑俚俗。」《正字通》《拾遺記》所載皆

如是。有守曰：諸說皆非也。夫貘之為物，與豕、犀、象、馬同宗而異派者，生最先，榛狉時代已有。博覽家掘地每得其骨，知中國、歐洲、英國、北美洲古皆有之。身高三尺，長七尺。鼻近象，足近犀。前四指，後三指。身笨，足短，尾禿，目小，革厚。毛薄而細，首肩四足均黑，背腹灰白。今峨眉山中間有之。它邦如末利亞島附文略有一種，南美洲有四種。兩種與末利亞所產彷彿，兩種則大異。皆居深林近水者。性喜浴，食草木，晝伏夜出，人罕見之。西人譯貘與傴豬皆曰附文略。喆父有守並記。鈐「有守」朱文長方印，壓腳「喆夫」盾形白文印。

【注釋】

[1]《神異經》1 卷，47 條。漢東方朔撰。中國古代神話志怪小說集，保存了不少神話傳說，尤其是關於東王公、窮奇、崑崙天柱、扶桑山玉雞等的記載，是珍貴的神話資料。

博物圖畫二十七《兔》

惡甚哉！吾國之人以訛傳訛，絕不之察也。如兔之產子也。試問士大夫以至娸孺，罔不曰吐而生也，庸祇世俗不察歟。顧《埤雅》曰：「兔吐而生子，故謂之兔，兔吐也。」又曰：「兔視月而孕。」王充《論衡》曰：「兔舐雄豪而

孕，及生子從口中出。」悲夫！博覽如仲任亦作此妄語，又何責世俗之謬誤哉。有守平居好豢兔，兔之為物頗悉。兔類甚眾。《爾雅》疏曰：「兔之子名㜽。」郭云併呼曰㝩，其跡名「迒」。《字林》云：「迒，兔跡也，絕有力者名欣。」《廣志》曰：「兔大者曰㲋。」《格物論》曰：「㲋亦兔類也。」《春秋後語》[1]曰：「㺔者，海內之狡兔也。」名固為一，色亦甚多。今世所豢者則多如《古今注》云：「白色而目赤如朱者。」有守曰，兔類都是後足長於前足，尾短而拳，前足五指，後足四指，掌有毛。最異者腮內亦有毛，長耳善聽，少有聲息莫不警察。善走，絕迅。逐之必周帀而遁。解游水，喜鬥，鬥時對躍過頂，以後足蹴之，力甚勁。子生六月又能生子，誠獸類產子之快者也。有守記。鈐「成城子」朱文長方印，「出願」橢圓白文印。

【注釋】

[1]《春秋後語》10 卷。東晉孔衍撰。以《戰國策》所記載之戰國史事未為盡善，遂參據《史記》，考其異同撰。

博物圖畫二十八《明月兔》

明月兔。《酉陽雜俎》曰：「明月兔狀如兔，前腳長數寸，後腳尺餘，尾長白而彎，矯捷善走，出河西。」金幼孜《北征錄》云：「沙穴中跳兔，大如鼠，

其頭目毛色皆兔，爪足則鼠，尾長，其端有毛或黑或白，前足短後足長，行則跳躍，犬不能獲。」《埤雅》曰：「契丹北境有跳兔，前足才寸許，後足幾一尺，行則用足跳，一躍數尺，止則蹶然仆地。」有守客天津，唐聯璧女士曾歸我一頭，亡何輒斃，惜哉。有守記。鈐「有守丁未年作」朱文方印，壓腳鈐「海棠睡」朱文橢圓印。

《國粹學報》1908 年總第 38 期

博物圖畫二十九《黑貂》

　　黑貂。《說文》曰：「貂，鼠屬也」。《本草·釋名》曰：「貂，亦作貂」。黑貂鮮見者，首連尻長二尺又四寸。哲夫蔡守寫生於首善。鈐「喆夫」朱文長方印。恒見之貂，倍黑，鼻斑白，腮蒼白，頸微赤，鼻邊或赤或灰，亦有倍黃而腹白者。自鼻至臀長一尺又六寸，尾長六寸。出北口外，晝伏夜出，畏人。故居荒闊之野林，食兔鳥魚。每年季春產子，一胎四、五頭，在樹孔中。哲夫又識。鈐「奇璧」朱文長方印。余又嘗聞獵者語余曰，取貂必在秋末冬初，初雪時，往以犬嗅覓得之，則張網圍樹，以長干逐之下，若墜網外則犬逐而獲之。倘樹高，干不能及，則以槍彈擊之地，不已而出，此因傷其革也。獵者一人歲得二十貂則算好運。在俄京每貂皮可賣二磅至二十五磅，眂其革何如耳。獵者鬻與販者，則每皮只得十六元耳。哲夫有守。鈐「蔡十六」長朱文方印。壓腳鈐「勵厂遺子」朱文方印。

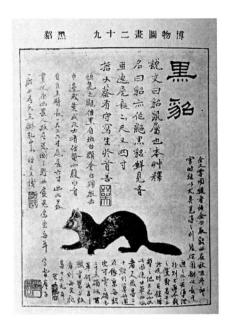

博物圖畫三十《貂弍》

貂弍。有守曰此二種貂與前一種，太西動物史分為兩類。前一種曰詩藍譯音，拉丁文略，此二種曰海獅譯意，拉丁文略，海獅身長六七尺有奇，有黑有斑者，首略圓，前二足無指爪，如肉翅；後二足甚長，爪短足無毛，行以後足，前足無力。豈《爾雅》《說文》《異物志》所載，迺謂此種耶。唯此種只生於太平洋之南，吾國必無此種也。陳藏器曰：骨貀《說文》作貀獸出西方突厥國。似狐而大，長尾。迺貂貀之貀，亦非是種。並繪以資博物家研究。有守。鈐「奇璧氏」長方白朱印，壓腳「懷古」白文長方印。

博物圖畫三十一《狒狒》

狒狒，本作向、□，或作□、□、□、□、□、□[1]、髴髴，又或作髴，又曰贛，又曰山都、吐嘍、鳴陽，其名不一。《爾雅》曰：「狒狒如人，被髮，迅走，食人。注：梟羊也。」《山海經》曰：「其狀如人，而長頸黑身，有毛，反踵，見人則笑。交汲南康郡山中亦有此物。大者長丈許。」余遊九疑嘗見之。哲夫有守記。鈐「蔡」圓形朱文印，「十六子」方形朱文印，壓腳「縶虎大嘯」方形朱文印。

【注釋】

[1] □，原刊文字模糊莫辯。

博物圖畫三十二《異猿》

癸卯秋七月既望，有守與張平君、何𥥈垞、銀北銘、馬介若、劉犖伯、崔偉齋登嵩嶽，見一猿甚奇，身長三尺許，毛色如黑貂，唯額下有白毛一痕，頷下白毛一片，背上由脇至股，白毛甚長，垂下如披衣。尾如帚，末有白毛，長可七寸許。前足四指，後足五指，善躍。由此木至彼木，雖隔甚遠亦能及。余嘗繢之。後魯篴妀見之詫甚。曰，此猿，唯非洲東方有之，從未能生帶至他國者，中國安得有此物邪。余考羣籍亦不載，真又不可解。有守。鈐「有守」朱文長方印，引首「文在中心」白文橢圓印。

博物圖畫三十三《果然》

果蓏。果然亦作猓然。《吳錄地理志》[1] 曰：九真胥浦縣有獸名果然，猨狖類也。《南州異物志》[2] 曰交州以南有果然獸，其鳴自呼。身如猨，犬面。通身白毛。其骹不過三尺而尾長。四足□反毛，度身過其頭，鼻孔仰向天，其毛長柔細滑。《夷堅續志》[3] 曰：果然似猿而差大，諸說均與今世俗謂果然不符。李一士嘗歸我一雙，廼如此。李一士共余曰：此誠果然也。丁未冬十二月哲父呵凍畫並記於今合浦。鈐「有守」朱文長方印，「喆夫」朱文方印，「不聰明處是多情」朱白文方印。

【注釋】

[1]《吳錄地理志》1 卷。晉張勃撰。記述三國吳時州郡地理、山川土物等。原為張
　　勃所撰《吳錄》30 卷中一部分，全書已佚。

[2]《南州異物志》，三國吳萬震著。對南海諸島進行了記載，原書已佚。《太平御
　　覽》中有多條佚文。

[3]《夷堅續志》，即《續夷堅志》，宋元好問著。

博物圖畫三十四《翡翠》

　　翡翠。有守曰：翡翠、鷸鴰皆類也，以其善捕魚，故亦名魚师、魚虎、水
狗。《事物原始》[1] 曰：翡雄也，大如鳩，其毛赤紫，羽青不深而無光，林棲
而不食魚，妄也。要凡禽類均雄者羽色鮮美，烏有翡翠而獨不然耶！且翡翠，
翠鳥也。翡赤翠青，故曰翡翠。以翡為雄，以翠為雌，非也。《埤雅》云：翡
翠各據谿曲以居，以自藏匿。猶雉之至畿，雖飛不越域，亦妄也。此鳥形色不
一，亦有全白者。《山海經》曰：白翡澥是也。哲父有守並識。鈐「有守」白
文方印，「外圓內方」仿銅錢朱文方印，「懷古」白文長方印。

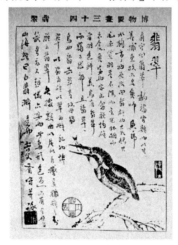

《國粹學報》1908 年總第 39 期

【注釋】

[1]《事物原始》，即《古今事物原始》30 卷，明徐炬撰。

博物圖畫三十五《蜼》

　　蜼。《爾雅》曰：蜼，卬鼻而長尾。注：蜼似獼猴而大，黃黑色，尾長數

尺,似獺。尾末有岐,鼻露向上。雨則自懸於樹,以尾塞鼻,或以兩指。江東人亦取養之。《葆㡿錄》[1]曰:傅弘業宰天台縣,有人獵得一獸,形如豕,仰鼻長尾有岐。人謂之恠,傅識之曰,蜼非怪也。有守畫。鈐「勵厂遺子」朱文方印,「我與九天同日生」朱文扁方印。

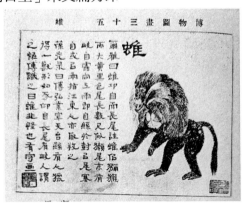

【注釋】

[1]《葆㡿錄》3 卷,北宋陳慥撰。記載吳越等地怪異事,涉及社會生活諸方面。

博物圖畫三十六《澥馬》

澥馬。澥馬頭類馬,故得名,有數種。大者可尺許,周身銳甲,有角有刺。一種角最長,角末更有毛甚長。海馬皆牡者育子。據泰西博物群書皆說若是,是可異也。吾國以作藥品。有守志。鈐「有守」朱文橢圓形印,「吉道人」白文方印,壓腳「華墩」朱文長方形印。

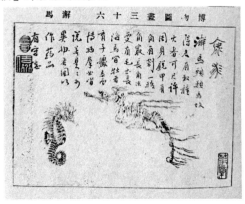

博物圖畫三十七《桑扈》

《爾雅》：「桑扈竊脂。」注：俗謂之青雀、觜曲食肉，好盜脂膏，因名云。又曰：「春扈鳻鶞，夏扈竊玄，秋扈竊藍，冬扈竊黃。桑扈竊脂，棘扈竊丹，行扈唶唶，宵扈嘖嘖。」注：諸扈皆因其毛色音聲以為名。竊藍青色。崔實《正論》[1]曰：「夏扈趣耘鋤，即竊脂，亦呼獲穀。」邱庭光《兼明書》[2]曰：釋鳥云：「桑扈竊脂。」郭璞云：「俗謂之青雀、觜曲食肉，好盜脂膏食之。因以為名也。」明曰：「非也。」按下文云：「夏扈竊玄，秋扈竊藍，冬扈竊黃。棘扈竊丹。豈諸扈皆善為盜而偷竊玄、黃、丹、藍者乎？蓋竊之言淺也。竊玄者，淺黑色也，竊藍者，淺青色也，竊黃者，淺黃色也，竊丹者，淺赤色也，竊脂者，淺白色也。今三四月間採桑之時，見有小鳥，灰色，眼下正白，俗呼白鵊鳥是也。以其採桑時來，故謂之桑扈。」而郭注謂「竊脂」為「盜脂肉」，一何謬哉！有守曰：「諒哉！邱氏之說也。」哲父並識於阮移。

　　蔡有守畫。鈐「喆夫」朱文方印。

《國粹學報》1908 年總第 40 期

【注釋】

[1]《正論》，漢崔實著。崔實，詳見《附錄　蔡守與古人交流考》。

[2]《兼明書》，五代邱光庭撰。是書皆考證之文。《宋史。藝文志》作 12 卷，《書錄解題》作 2 卷，此本 5 卷，疑後人所更定。首為諸書 22 條。次為周易 5 條，尚書 4 條，毛詩 13 條。次為春秋 10 條，禮記 5 條，論語 12 條，孝經 2 條，

爾雅 3 條。次為文選 22 條。次為雜說 18 條，字書 12 條。邱光庭，詳見《附
錄　蔡守與古人交流考》。

博物圖畫三十八《鵂》

《本草集解》曰：鵂即梟也，一名鵩。吳人呼為魑魂，惡聲鳥也。又曰：
鵂、鵩、鵂、鶹、梟皆惡鳥也。說者往往混注，各執一說，今通攷據並諮詢野
人，則梟、鵂、鵩訓狐，一物也。鵂、鶹一物也。鵂即今俗所呼幸胡者是也。
處處山林時有之，少美好而長醜惡。狀如母雞，有斑文，頭如鸜鵒，目如貓目，
其名自呼。好食桑椹。古人多食之。故禮云，不食鵂胖。謂脅側薄弱也。《莊
子》云：見彈而求鵂炙。《前涼錄》云：張天錫言，北方美物，桑椹甘香，雞
鵂革響，指此物也。按《巴蜀異志》云：鵩如小雞，體有文色，土俗因名之，
不能遠飛，行不出域。陸璣《詩疏》云，鵂大鳩，綠色，入人家凶。賈誼所《賦》
鵩是也。其肉甚美，可為羹臛炙食。劉恂《嶺表錄》云：北方梟鳴，人以為怪，
南中晝夜飛鳴諸說，及盛弘之《荊州記》觀之，則鵂鵩訓狐之為一物，明矣。
又按郭義恭《廣志》云：鵂，楚鳩所生也。不能孳乳，如騾、駏、驢然，然梟
長則食母，是自能孳乳矣。抑所食者，即鳩耶。《淮南子》云：甌瓦投之，能
止梟鳴，性相勝也。有守按：鵩、鵂、梟訓狐，一物是也。身高五寸許，首圓
無毛角，愛居頹廈圮舍及樹腹，群處聲雜，日落即出，飛不遠，常落地及屋上，
食鼠及守宮。二月間生卵二三不等。成城子哲夫並識於一顧樓。鈐「哲夫」橢
圓形朱文印。

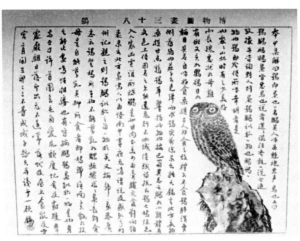

《國粹學報》1908 年總第 40 期

　　有守曰：鵩、鴞、梟、魖魂、訓狐，幸胡、流離、鶹鷃、蕃《海經注》云：「蕃，鴞也」、鴟梟、鴟鴞、鶹離、貓頭鳥、晝鳥、黃禍侯、鵗鳩，名雖眾多，寔一物也。且以此鳥為不祥之鳥，古今一揆。如《拾遺記》[1] 曰：「堯在位七年，鴟梟逃於絕漠。」《梁冀別傳》[2] 曰：「子產治鄭，鴟梟不至。」《水經注》曰：「曾子居曲阜，鴟梟不入城郭。」《說苑》[3] 曰：「齊景公為露寢之臺，聞梟鳴而惡之。」《載記》[4] 曰：「乞伏幹歸敗於五溪，有梟集於其手，甚惡之。六年為兄子公府所弒。」《唐書》曰：「有梟鳴於張率更庭樹，其妻以為不祥，連唾之。」天寶中，韋郇公謫守蘄州時，李鄴侯 [5] 亦以處士放逐。因夜飲聞鴟鴞，韋公泣下。《元史》曰：「察罕嘗行，困，藉草而寢。鴞鳴其旁，心惡之，擲靴擊之。」賈誼《賦》：鵩似梟，不祥鳥也。《清異錄》[6] 曰：「《厭勝章》言，梟乃天毒所產，見聞者必罹殃禍，急向梟連唾十三口，然後靜坐，存北斗一時許，可禳。」《五雜俎》[7] 曰：「梟，閩人最忌之，云是城隍攝魂使者。城市屋上有梟夜鳴，必主死喪。」《禽經》曰：「怪鵩塞耳。」注云江東呼為怪鳥，聞之多禍，人惡之，掩塞耳矣。有守曰；異哉！世人不察，徒信陳言。寔可憐也！試察其以為不祥之原因，寔緣其聲之不堪入耳。如韓愈詩曰：「聲勢慷慨非常龐。」梅堯臣詩曰「尨然鈍質龐豪聲」是也。在吾國則以為不祥鳥耳。希臘國則續此鳥為智慧之神而祀之。嘻！異哉！同一物也，易地則愛憎懸絕。希臘底事祀之為智慧神，遍效太西古籍，亦不言其繇。順德蔡有守哲父又識。

【注釋】

　　[1]《拾遺記》10 卷，東晉王嘉編，記錄古代中國神話志怪小說。

　　[2]《梁冀別傳》，梁冀，東漢時人，《後漢書》有傳。南朝時劉孝標編《世說新語》，
　　　　始引《梁冀別傳》，未言出處。

　　[3]《說苑》20 卷，漢劉向編。大部分已經散佚，宋曾鞏搜輯復原。

　　[4]《載記》，史書體裁之一，記載不屬於正統王朝的割據政權的事蹟。蔡守此則引
　　　　文見於《晉書》卷 125。

　　[5] 李鄴侯，即李泌，詳見《附錄　蔡守與古人交流考》。

　　[6]《清異錄》，編著者不詳。古代文言瑣事小說集。成於五代末至北宋初，保存了
　　　　中國文化史和社會史方面的很多重要史料，書中一半以上的條目分別被《辭源》
　　　　和《漢語大詞典》採錄，其價值可見一斑。

　　[7]《五雜俎》16 卷，明謝肇淛著。說古道今，分類記事，計有天部 2 卷，地部 2
　　　　卷，人部 4 卷，物部 4 卷，事部 4 卷。隨筆劄記，包括讀書心得和事理的分析，

也記載政局時事和風土人情，涉及社會和人的各個方面。謝肇淛，詳見《附錄蔡守與古人交流考》。

博物圖畫三十九《鴆》

有守案：諸書所載鴆鳥，形狀各殊，名亦不一。《廣雅》[1]云：「鴆鳥，其雄謂之運日或作鴆日，其雌謂之陰諧」。《寰宇記》[2]曰：「鴆，一名曇鳥。亦曰同力鳥」。《廣博物志》[3]曰：「鴆鳥，一名雲白」。此名各不同也。《寰宇記》云：「同力鳥尾有綷紋，背上連錢文，足三趾」。《廣志》[4]曰：「鴆似鷹，而大如鴞，毛紫黑色，喙長七八寸，黃赤如銅」。《晉書》曰：「鴆雛大如鵝，喙長尺餘」。《楊鐵崖集》[5]云：「鴆狀類訓狐，聲如擊腰鼓」。《七修類稿》[6]曰：「鴆，毒鳥也。鴞形、大如鴞，毛紫綠色」。范成大曰：「鴆如鴞大，黑身赤目，音如羯鼓」。《正字通》[7]曰：「本草陶弘景謂，鴆與鴆日為二種。鴆如孔雀，鴆日如黑傖雞，作聲似云同力，江東呼同力鳥」。按今交廣人皆云，鴆日即鴆，更無如孔雀者。陶氏說誤，此形狀各不侔也。有守於何可人都知家見所豢者，則大如孔雀，似近陶氏之說。然《正字通》則非之，未知孰是也。至於《物類相感志》[8]曰：「此鳥蛇入口則爛，屎溺著石石爛如泥，屎石則變為生金及雄黃」。又曰：「此鳥有法知巨石大樹間有蛇虺，即為禹步以禁之，進退俯仰有度。或獨為，或結群逡巡，石樹為之崩倒，取蛇虺時呼同力數十聲，石起蛇出」。又曰：「鴆飲水處，百鳥吸之皆死。或得犀牛蘸角其中，則水無毒。此鳥與犀二物相伏。今有犀處必有鴆。鴆生處必有犀。不然有毒氣傷物類，故天資之以含育萬物」。《楊鐵崖集》云：「鴆巢下數十步，草本不生」。種種妄說，余則不信也。蔡有守記。

鴆，身高三尺有奇，雙尾長二尺許，末有眼，文如孔羽，首上大毛紺色，倍毛紫黑而白斑點，甚光澤，翼深紫而白文，胸與腹俱白，腿黑足黃，四趾，食蛇虺、守宮、蝱蚱、小龜等。四五月之間，雄者因雌而爭鬭甚劇，勝者得雌，遂共營巢穴，以土與樹枝為之，上覆以落羽或敗絮。七月生卵三、四，大如鵝卵，白色紅點，雌者處穴不出，雄者取物歸，飼之，孵一月半，甫出子，初生甚孱弱，不能立，半季方出巢。此鳥飛走都善，每翱翔摩霄，遇騎逐不飛而鋌，甚迅，且能遠騎，莫能及也。鈐「傾城」朱文橢圓印。

哲父有守續。鈐「□□」朱文長方印。

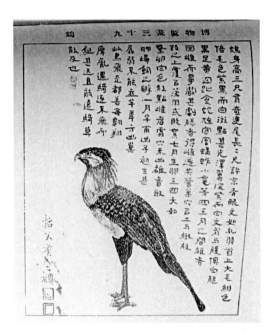

《國粹學報》1908 年總第四十期

【注釋】

[1]《廣雅》，三國魏張揖撰。是中國古代的一部百科詞典，共收詞彙 18150 個，是仿照《爾雅》體裁編纂的一部訓詁學彙編，相當於《爾雅》的續篇，篇目也分為 19 類。張揖，詳見《附錄　蔡守與古人交流考》。

[2]《寰宇記》，即《太平寰宇記》，宋樂史撰。《太平寰宇記》繼承了唐李吉甫《元和郡縣圖志》的體裁，記述了宋初十三道範圍的全國政區建置。所載政區取制於太平興國後期，可補《元豐九域志》《輿地廣記》所不載，是考察北宋初期政區建置變遷的主要資料。

[3]《廣博物志》50 卷，明董斯張撰。類書，博物學文獻。董斯張，詳見《附錄　蔡守與古人交流考》。

[4]《廣志》，晉郭義恭撰。介紹中國古代生物物種。

[5]《楊鐵崖集》，元末明初楊維楨著。楊維楨，詳見《附錄　蔡守與古人交流考》。

[6]《七修類稿》，明郎瑛著。文言筆記小說。考論範圍極為廣闊，以類相從，凡分七門。許多內容為史書所闕，有很高的史料價值。

[7]《正字通》，明張自烈撰。是一部按漢字形體分部編排的字書。總 12 卷。本書保存了大量俗字異體，有助於瞭解當時的社會用字狀況。

[8]《物類相感志》1 卷，宋蘇軾撰。《四庫全書》記曰：「浙江巡撫採進本」。舊本

題宋蘇軾撰。凡分身體、衣服、飲食、器用、藥品、疾病、文房、果子、蔬菜、花竹、禽魚、雜著 12 門，共 448 條，皆療治及禁忌之事。疑 18 卷之本即因此本而衍之也。

博物圖畫四十《鵜鶘》

有守曰：《爾雅》，鵜，鴮鸅。郭璞注，今之鵜鶘也。好群飛，沉水食魚，故名洿，俗呼淘澤，俗河。杜甫句：「江中淘河嚇飛燕」，是也。《本草》釋名曰：「《山海經》云，沙水多犁鶘，其名自呼。後人轉為鵜鶘耳。又吳諺云：「夏至前來，謂之犁湖，言主水也。夏至後來，謂之犁塗，言至旱也。」俗名淘鵝，因形似也。又訛為駝鶴。顏師古 [1] 曰：「鵜鶘一名沐澤。」《禽經》 [2] 曰：「淘河在岸則魚沒，沸河在岸則魚涌」。注：沸河亦鵜鶘也。張華《禽經注》云：「鵜鶘，水鳥也，似鴮而大，喙長尺餘，頷下有胡如大囊，受數升。湖中取水以聚群魚。候其竭涸，奄取食之。陸璣《詩疏》[3] 曰：「鵜鶘喙長尺餘，直而廣，頷下胡大如數升囊。好羣飛。若小澤中有魚，使群共抒水，滿其胡而棄之，令水竭盡魚。在陸地乃共食之，故曰淘河。《淮南子》曰：鵜鶘飲水數斗而不足。孔志約《本草》曰，鵜鵬猶名淘河，胸有兩塊肉如拳，云昔為人竊肉，入河化為此鳥。今猶有肉，因名淘河。以上諸說都非也。蓋鵜鵬嗉下有胡大如囊，得魚貯其中，緩緩食之，如獸中之猴類也。或有雛者，則歸張口向雛，雛從胡中探魚食耳。至若孔氏之說尤為謬也。即陸璣《疏詩》及張華注《禽經》所云此鳥捕魚之術，亦妄也。此鳥多處江湖中，安得如是捕魚耶。審其得「淘河」之名也，因喜游泳，水涯垂喙能及底者。見魚則群列成陣而捕之，無一漏者，固善捕魚也。故莊子曰；「魚不畏網而畏鵜鶘」。諒哉！余昔過笠澤、鄱陽等湖皆見之，毛色灰白如蒼鵝，甚巨，身長四尺有奇，足短鳧掌。《山海經》注云：「足頗似人腳」，非也。生卵三四，白色綠點。此鳥亦善飛，飛時首拳於倍上。《本草集解》曰：「鵜鶘處處有之」，誠然。成城子呵凍志於暎響房櫳。

哲夫蔡有守寫生。鈐「奇璧」朱文方印，「阮移」白文長方印。

《國粹學報》1908 年總第 40 期

【注釋】

[1] 顏師古，詳見《附錄　蔡守與古人交流考》。

[2] 《禽經》，即晉張華《禽經注》。

[3] 《詩疏》，全稱《毛詩草木鳥獸蟲魚疏》2 卷，三國吳陸璣著。陸璣，詳見《附
　　錄　蔡守與古人交流考》。

博物圖畫四十一《鶺鴒》

　　鶺鴒。有守曰：「鶺鴒亦作鵲鴒，或作脊令，又名離渠、錢母、雪姑、精
列」。《禽經》[1] 曰：「脊令共母者，飛鳴不相離」。故詩人取以囑兄弟相友之道
也。有守曰：《禽經》所云，非也。蓋脊令飛則鳴，行則搖，如《埤雅》所言
是也。亦有一種頸下黑如連錢者，錢母之名因是而得。至於《物類相感志》[2]：
「脊令鳴則天當大雪，極為驗，故呼雪姑」，此亦妄也。有守呵凍並記於暖響
房櫳。鈐「喆夫」朱文方印，「奇璧」朱文方印，「暖響房櫳」白文方印，「□
□□」白文方印。

《國粹學報》1908 年總第 41 期

【注釋】

[1]《禽經》1 卷，舊本題春秋師曠撰。晉張華注。鳥類書。

[2]《物類相感志》1 卷，舊本題宋蘇軾撰。凡分身體、衣服、飲食、器用、藥品、疾病、文房、果子、蔬菜、花竹、禽魚、雜著 12 門，共 448 條，皆療治及禁忌之事。

博物圖畫四十二《蝟》

蝟。有守曰：蝟，《唐韻》[1]：「呼恢切，音灰」。《炙轂子》[2] 云：「刺端分兩岐者，蝟。如棘針者，蝟。」寔蝟也，蝟亦作彙。《爾雅》曰：「彙，毛刺是也，或作蝟」。張衡《東京賦》：「玃狒蝟是也，又通蝟」。《史記·龜筴傳》：「蝟辱於鵲」。注引《續博物志》云：「蝟能跳入虎耳，見鵲便自仰腹受啄」。《埤雅》與《酉陽雜俎》亦附和之，真謬也。《潛確類書》曰：「蝟似鼠，而毛刺大者如小狗小者，如爪腳短，尾長寸餘，蒼白色。見人則藏面腹下。員輥如栗房，攢毛外刺，刺端分兩岐，不可搏執。語云蝟毛而起，即此也」。《物類志》曰：「蝟毛順者雄，逆者雌」，亦大妄也。按蝟，上古已有，亦無爪牙甲以衛身，又不解穿穴，善水以避害，亦能留至今而不絕其種，善蜷縮以自護耳。蓋蝟遇有犯之者，輒蜷縮刺外向，莫敢犯之者也。蝟食蚯蚓、蝸牛、守宮、鳥卵、小

鼠等。五六月生子。生時盲目，亦不解蜷縮，毛耎，數日始堅。窠以葉為之，藉以草，亦有食之者。如屈突仲任 [3] 取蝟以泥裏而燒之，且熟除去其泥。而蝟皮與刺皆隨泥而脫矣。哲夫並識。鈐「順德蔡題」朱文方印，「抒風廊」朱文扁方印。

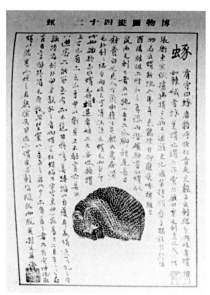

【注釋】

[1]《唐韻》5 卷，唐孫愐撰。

[2]《炙轂子》，唐王叡著。又稱《炙轂子雜錄》《子雜錄注解》，晚唐五代之詩格。

[3] 屈突仲任，隋代人，《太平廣記》記曰：「性不好書，唯以樗蒲弋獵為事。父卒時，家僮數十人，資數百萬，莊第甚眾。而仲任縱賞好色，荒飲博戲，賣易且盡。」「仲任性好殺，所居弓箭羅網又彈滿屋焉，殺害飛走，不可勝數，目之所見，無得全者。乃至得刺蝟，亦以泥裏而燒之，且熟，除去其泥，而蝟皮與刺，皆隨泥而脫矣，則取肉而食之。其所殘酷，皆此類也。」

博物圖畫四十三《蒙頌》

蒙頌。有守曰：蒙頌即蒙貴也。出雲南，土人呼藏貓。身長首尖，足斷爪藏不露，尾長與身相埒，身黃而怡黑文，片片若玳瑁。身尾共長三四尺，善緣木捕鳥。按《爾雅·注》：「蒙頌，即蒙貴」。《廣東通志》：「獴猵有黑白黃，狸狀，類貓」。《酉陽雜俎》云：「貓一名蒙貴」，非也。蓋蒙貴與香貓、

靈武虎狸、九節狸、靈狸風狸，朱狸等同類而差異者。《正字通》曰：「蒙貴之小者，蝚猨類也」。故今世俗呼「地猴」，為「蒙貴地猴」也。雲南亦有，故以蒙貴為地猴也。予遊慶甸三蝱驪山嘗獵得一頭，土人呼曰「藏貓」而不曰「蒙貴」，余曰蒙貴反為土人笑我不識物。噫！世之信耳，遙目何其甚也！強圉協洽梅花信第二日，順德蔡有守喆父呵凍續。鈐「七品半官」白文方印，「無腳後跟」朱文方印。

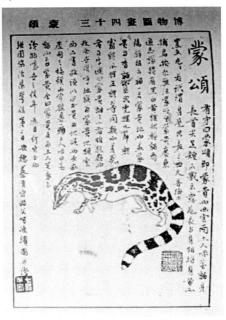

博物圖畫四十四《程》

程。黃省曾《獸經》[1] 注曰：豹一名程，古詩曰：「餓狼食不足，餓豹食有餘。」言狼貪豹廉，有所程度而食，故得名。有守曰：豹之色不一，毛赤黃，文黑如錢者曰金錢豹。西域又有金線豹，文如金線也。文散者名艾葉豹。《詩》疏曰：毛赤，爪又黑，謂之赤豹。毛白而文黑謂之白豹。又有一種玄豹，尤為猛健，《汲冢周書》[2] 曰：「屠州有黑豹」。《洞冥記》[3] 曰：浪阪山有青豹。《物類相感志》[4] 曰：如得丹豹，可想其色不一，地恒見者赤白二種，太山多赤者，誠如《山海經》所言，余出獨石口時，嘗獲得一白豹，以其革作几褥，至今獨存也。有守識。鈐「有守」白文方印，右下角「水仙凌波」朱文圓印。

《華夷鳥獸考》曰：「海豹出寧海，聚居水涯」。常以一豹獲，首如雁奴之款。其皮可飾鞍褥。有守曰，案即俗呼海馬也。實寔為夔而似豹。太西博物家言夔，群處必有警察者，有警一鳴，而眾皆避入水，与此說相符。有守附記。

【注釋】

[1]《獸經》，明黃省曾著，周履靖增補。

[2]《汲冢周書》，汲郡古冢出土的古文竹書中的一種。晉太康二年，汲郡人不准盜發魏襄王墓所得的數十車竹簡。晉武帝命荀勖撰次，以為《中經》。

[3]《洞冥記》，漢魏六朝小說，無署著者。一部勸世行善書。

[4]《物類相感志》，舊本題宋蘇軾撰。凡分身體、衣服、飲食、器用、藥品、疾病、文房、果子、蔬菜、花竹、禽魚、雜著 12 門，共 448 條，皆療治及禁忌之事。

博物圖畫四十五《鵂鶹》

鵂鶹。有守曰：鵂鶹亦名鶹、鴟、鵋、鵬、鴝、鵅、鉤鵅、鵋鵂、鷗鵂、轂轆鳥、呼咵鷹、鬼谷哥、車載板、春哥兒，寔一物也。是鳥也四大洲都有之，唯歐洲則無。大如鷹，高尺許，翼合長於尾。尾毛有五黑文，倍羽駁黑斑色。腹毛淡赭色。頭目如貓，兩耳宛角，晝伏夜出。其聲惡而難聽，故俗以為不祥鳥也。食鼠、鳥蟲等。尋常者生四卵，茁壯者生十餘卵亦有之。穴地籍草而居。

四時見之必雙。可想其求壹雌而終身不易者也。至於《博物志》云：鵂鶹晝日無所見，夜則目至明。人截爪甲棄露塋，此鳥夜至人家拾人爪甲。故人除爪甲不棄露地，因此鳥能取爪分別眂之，則知有吉凶，凶者輒鳴於屋上，其家有殃。《合璧事類》[1]亦曰鵂鶹好拾人爪甲，故除爪甲宜埋之戶內，蓋忌此也。是說謬絕。《感應經》曰：或云鵂鶹食人遺爪，非也。蓋鵂鶹夜能拾蚤虱耳。爪、蚤聲相近，故誤云也，矗哉。《莊子》所謂鴟鵂夜撮蚤，察毫末，晝出瞋目而不見丘山者也。《埤雅》[2]云：「其鳴即雨為防，可以聚諸鳥。」此二說未嘗攷及，莫敢決其然否。有守並誌。鈐「哲夫」橢圓朱文印，「傾城掌楄」朱文方印」。

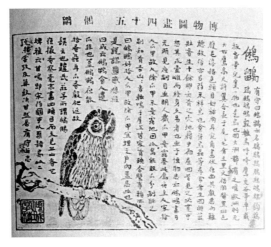

【注釋】

[1]《合璧事類》，即《古今合璧事類備要》，是一部廓匯事類流變的大型綜合性類書。南宋謝維新、虞載應其友人書坊主劉德亨之約而纂。

[2]《埤雅》，宋陸佃著。訓詁類書。

博物圖畫四十六《鴇》

鴇，亦名獨豹，鴻豹，身長尺許。毛紫黑有虎文，足無後指。雄者頸與胸有白毛兩畫。雌者則純白。《本中彙解》曰：純雌無雄與佗鳥合，非也。群居有行列。《說文》曰：牟相次也。從七從十。蓋鴇性羣尻，如雁自然有行列。故從牟，《詩》曰：鴇行以此故也。《庶物異名疏》[1]引陸佃云：「鴇性最淫，逢鳥則與交。其字畫，七十鳥為鴇，為其多鳥相交之故也。今俗呼娼母曰老

鴇，曰鴇兒，取此」。有守按：是說謬也，鴇字義《說文》所言是也，性畏寒，冬日則南飛如雁，愛伏草中。又若雉專食五穀及昆蟲，永不飲水。《本草集解》曰鴇水鳥，誤也。穴塞籍草而居。首夏生卵二三不等，卵綠色紅點。《酉陽雜俎》曰：鴇遇鷙鳥能激糞禦之，糞著毛悉脫。《埤雅》曰：「鴇無舌」。《庶物異名疏》曰：「鴇能食鴻。故曰鴻豹」。有守按：是三說都妄也。焦貢《易林》[2] 曰：「肥腯多脂」。《說文》曰：「肉出无骹」，皆是也。順德蔡有守喆夫氏志於有奇堂。鈐「哲夫」橢圓朱文印，壓腳鈐「有奇堂」朱文方印。

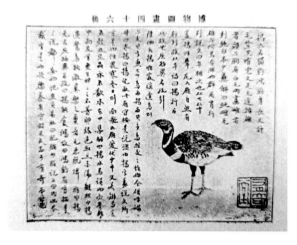

《國粹學報》1908 年第 5 號總第 42 期

【注釋】

　　[1]《庶物異名疏》30 卷，明陳懋仁撰。匯輯物名之異者，為之箋疏。凡 2452 名，分 25 部。

　　[2]《易林》16 卷，漢焦延壽撰。西漢眾多易學著作中最完善的一種，其書以一卦變六十四，六十四卦之變則為四千九十有六，各繫以文詞，皆四言韻語，又稱為「林辭」。

博物圖畫四十七《河豚》

　　有守曰：河豚、江豚同類也，豚或作魨。又名鯸、鮐、鯸、鯢或作鮭、鮧、鮎、鮞、鱓、鯯、鮑、鱄、鯸或作鱯鯸、鮪或作□，又曰嗔魚、探魚、烏狼、青郎、斑兒、吹肚魚、氣包魚、胡夷魚，其名夥矣，其味之美，東坡謂食河魨值得一死。梅聖俞亦有詩稱之。《蟬史》曰：「美人珍、河豚品」，其腹腴為西施乳，亦可想矣。至若或謂有毒，或謂無毒。辨說紛紛。余亦不敢斷也。太西物

學史亦言其有毒也。有守識。鈐「有守識」朱文方印，右下角「多情豈自由」白文方印。

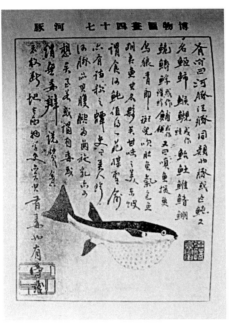

博物圖畫四十八《海豬 江豬》

俗呼大者為海豬。生於海，寰球有之。小者為江豬，生於江。特吾國有之。綜名之曰「豬魚」。酒胎生，實水獸也，皆能作聲。海豬鉅者長六尺至丈許。倍黑腹白無頰無鱗。目小喙銳，上腭齒四十有一至五十，下腭齒四十又五至五十又一，多寡不一。翅尾稍近鯊魚，其肉肥瘦相間，味亦近。豚每胎產一子，江豬似海豬而小，喙亦署短。鉅者長三尺至五尺，背腹黑白分明。且有斑點。亦有全白者，翅尾淡紅。廈門、福州、廣州尤多。有守按《史記正義》曰：江豚，名鱝鮯，魏武帝《四時食制》載：鮯鮯之魚，出淮及五湖，黃肥不可食。大如百觔豬，數枚相隨，浮沉自如。《本草》曰：江豚，大如豬，數枚同行，一浮一沒，謂之拜風。郭璞賦：海狶、江豚，似即此物。而非今所呼之江豚也。至若《酉陽雜俎》云：「奔鮯一名㶚，非魚非蛟，大如船。長二三丈，若鮎。有兩乳在腹下，雌雄陰陽類人，取其子著岸上，聲如嬰兒啼。項上有孔通頭，氣出嚇嚇作聲。必大風。行者以為侯。相傳婦所化，殺一頭得膏三四斛，取之燒燈以讀書、紡織輒暗，照懽樂之處，則明。又《山堂肆

考》曰：「江豚，俗呼拜江豬，狀如独。目中有聲，腦上有孔，噴水直上，出入波浪中。無鱗色黑。以上兩說皆誤認鯨魚為江豚也。邢昺注《爾雅·釋魚》：鱀是鱁。曰鱀，鰌屬也。體似鱏，尾似鮹。大腹，喙小，銳而長。齒羅生，上下相銜。目在額上，能作聲，少肉多膏。胎生，健啖細魚。大者長丈餘。江中多有之，則似近豬魚也。未知然否。敢質識者。哲夫蔡有守並識於合浦客次。

　　海豬　江豬。蔡有守寫生。鈐「花墪」長方朱文印，「其吉子」半朱白方印。右角押「有守丁未年作」朱文方印。

博物圖畫四十九《帚猵》

　　帚猵。有守曰：帚猵亦名豪豬、豪豨、豪彘、蒿豬，俗呼箭豬，寔鼠族也。身長二尺有奇，笨而重。前足有拇甚小，趾平而無毛。項上有鬣長七八寸，端黃而杪白，倍間長豪有兩種，長者尺餘，細而能屈，郭璞云長數尺過也，短者數寸，觕而勁，皆銳而斑黑。行時相擊有聲，郭璞注《山海經》及《事物紺珠》[1] 皆云，怒則激去射物，妄也。遇加害者，則以尾向之而倒退，以豪刺之耳。豹捕之則躍而以爪傷其玄。《五雜俎》云豪豬能與虎鬥，謬哉。身之毛赭黃，胸下有蒼白點毛一片。尾毛若破鵝毛筦，齒甚銳，故善嚼。其肉味甚美，余嘗

啖之於曹太史瑾堂家。帯獱喜巖居，晝伏夜出，食中木果蔬。雌者有六乳，首夏聚葉成窠而育子，每胎四頭。《事物紺珠》及師古注《長揚賦》[2] 均謂帯獱，自為牝牡者，非也。有守記。鈐「無賴」朱文長方印，「有守」白文扁方印，「喆夫」朱文扁方印，「老荷化為衣」白文隨形印。

《國粹學報》1908 年第 6 號總第 43 期

【注釋】

[1]《事物紺珠》46 卷，明黃一正輯。

[2]《長揚賦》，漢司馬相如著。

博物圖畫五十《鯪魚》

鯪魚。《異物志》[1] 曰：「鯪魚吐舌，蟻附之，因吞之，又開鱗甲，使蟻入其中，迺奮近則舔取之」。《北戶錄》云：「鯪魚腹背有刺如三角菱」。沈懷遠《南越志》[2] 曰：「鯪魚，鯉也。形如蛇而四足，腹圍五六寸，頭似蜥蜴，鱗如鎧甲」。《異物志》謂之「鱗鯉」。《物類相感志》[3] 曰：「鯪鯉甲，又名穿山甲」。有守曰：鯪迺無齒獸類也，雌者胸有兩乳，身上之鱗有十五行，十八行者。前足之爪，長於後足之爪，有半穴地而居，深可一丈，下廣可六尺。冬末春初產子，每胎二頭。子小時有鱗而軟，處穴每以土堵其口。日伏夜出，喜食蟻，以前爪破蟻穴，伸舌入以繫取蟻。見人身輒卷合，力甚大，一人之力，莫能開之。怒則作聲，粵西甚多。余生於建陵，故攷搜甚悉。順德蔡有守識。鈐「哲」字白文方印，「芍藥罘」異形長印。

【注釋】

[1]《異物志》，漢唐間一類專門記載周邊地區及國家新異物產的典籍。產生於漢末，繁盛於魏晉南北朝，至唐開始衰變，宋以後消亡。史志著錄和他書徵引的《異物志》，共有 22 種。

[2]《南越志》8 卷，南朝宋沈懷遠撰。原書已佚。《說郛》《漢唐地理書鈔》等均有輯錄。記載上至三代下至東晉嶺南地區的異物、建置沿革等。

[3]《物類相感志》1 卷，題宋蘇軾撰。分身體、衣服、飲食、器用、藥品、疾病、文房、果子、蔬菜、花竹、禽魚、雜著 12 門，共 448 條。

博物圖畫五十一《勺嘴鳥》

勺觜鳥（拉丁文略）。李氏《動物史》云：勺觜鳥，鸛類也。但喙甚寬，末宛如勺，舌甚短。除北極外，幾隨處有之。身高可三尺二寸，通身白羽，唯頷下稍黃。倍上微微澹紅，足黑，觜亦焉，小時無冠。中國北方亦有之，愛居湖及沙灘，以其喙垂淺水中，取魚蝦而食。巢以土築者，有在蘆葦中，或在樹間。卵白而紅黃點，生卵時數日始生一顆，每年產四卵。有守昔在首善，曾見銀木樨先生家蓄一頭。云得蜀中者，攷羣書未載。余因圖之並譯李氏之說。丁未冬十一月順德蔡有守哲夫記。鈐「哲夫譯」朱文方印，「煙波江上使人愁」白文長方印。

博物圖畫五十二《蟙䘃》

蟙䘃。蟙䘃，蝙蝠也。又曰服翼、代翼、飛鼠、仙鼠、天鼠、肉芝。凡山之有洞者多。吳《婁縣 [1] 記》：「太湖東洞庭山有三穴，中有蝙蝠如鳥」。《臨海記》[2]：「黃名山泄水東西五湖路口有鐘乳，穴中伏（下原刊文字模糊不清）」。

【注釋】

[1] 婁縣，古縣名。秦置，治今江蘇崑山市東北。屬會稽郡。東漢改屬吳郡。南朝梁後廢。東漢末孫權封陸遜為婁侯，三國吳黃龍初封張昭為婁侯，皆出於此。

[2] 《臨海記》1卷。佚名纂，一說南朝宋孫詵纂。詵字休群，山西太原人。原本久佚，今存殘帙為清洪頤煊等人所輯，二千餘字。記漢元鼎五年立都尉府、晉永和三年立臨海縣，又記湖山、樊續嶼、東女溪、白鶴山、湖、池、天台山、銅溪等名勝。

博物圖畫五十三《獺》

獺。《說文》：獺如小狗，水居，食魚，獧屬也，獧亦作獝。《本中會編》曰：獺四足俱短。頭與身、尾皆褊，毛色若故紫帛。大者身與尾長三尺餘。食魚。居水中，出亦不死。有守曰，獺指爪間有皮相連，若鳧足，故善水。亦有一種無爪甲者，居水濱穴地而居，或息樹根，食魚必不盡，惟食腮次之肉。輒棄而取他。冰水時則食鳥，或入人家盜雞而食，或小羊小豕亦能咬死。性好戲，每於水濱之斜坡或水上，用後足一撐，而自滑下。又解作陣，每群出遇魚則佈陣而圍之，魚不能出，獺則次第入取魚。可豢之，易馴，可教之捕魚，誠如《酉陽雜俎》及陳繼儒筆記所云。印度亦有養之以捕魚者。隨時可產子，唯冬時為多，一般三五頭。子小時目盲。丁未冬十二月順德蔡有守喆夫續並識於合浦。鈐「有守喆夫」白文方印，「順德蔡氏」白文方印，壓腳鈐「成城子」朱文方印。

《國粹學報》1908 年第 6 號總第 44 期

博物圖畫五十四《澥獺》

澥獺。有守曰：海獺大於獺，頭圓身短，後二足巨如貓與夔，故《格物論》云：「海獺腳下有皮如人駢拇。雌者有兩乳，每胎產一子，四五季方長成。母眠水上，以前兩足抱子，子離母畏人，不食而死」。在俄國每頭可鬻彝銀百元。一八九一年間於歐洲可賣五十磅，佳者二百鎊。鈐「有守」橢圓白文印，「喆夫」朱文方印，「中郎後人」朱文方印。

博物圖畫五十五《獨角魚》

獨角魚，獨角魚（英文模糊莫辨），長有五六尺者，色銀，有白點，翅淺紅，處最深洋澥，故尠見。丁未冬十月有守繪並誌。鈐「有守」白文方印，「喆夫」朱文方印，壓腳鈐「被□強□作詩人」朱文方印。

博物圖畫五十六《釣魚魚》

　　釣魚魚，釣魚魚（英文略），又名釣魚蝦、蠥、蝦蟆魚、海鬼，頭胖寬若洞，上顎與唇有刺。齒甚長，牙根活動，能豎能倒。身長四五尺，背黝黑，腹灰白。笨鈍而孄，又拙於游泳，常居海底海帶中以自隱。其身恒用兩翅行，或撥泥以蔽己。露頭一刺，刺末有小翅搖動以召魚，魚追之，彼則吸而吞之。蔡有守並識。鈐「喆夫」朱文方印，右下角「補緣了債」白文方印。

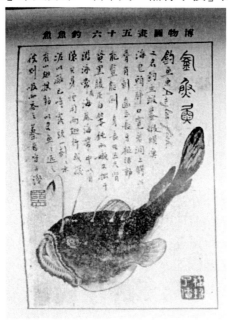

博物圖畫五十七《豨》

　　豨，今作貔，或作豼，通作狉。《爾雅》曰：「豕絕有力狉」，又曰豞五尺為狉。郭璞云：「吳楚呼為鸞豬，又呼貆豬」。《蟫史》曰：獀生山中，似豕而大，毛黃而疏，皮堅而厚，好踐食莊稼，為民所患。大者重二百斤，能以頭觸人倒地，以牙挑腸而食之，於叢鬱處含枯柴作窠，藉以草茢。丙午春二月十有七日，有守與佛萊庶登匡廬，獵得一頭，土人呼曰貆豝，最奇者有四大齒，二者破上齶而出。如南洋所產，耳亦小。哲夫蔡有守識。鈐「有守」朱文橢圓印，右下角「被□強□作詩人」朱文方印。

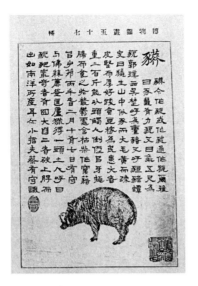

博物圖畫五十八《鷲》

鷲。《本草》曰鷲，悍多力，盤旋空中無細不覩。即白鵰也。一作就。喆夫蔡有守續。鈐「喆夫」朱文長方印。

博物圖畫五十九《白鳶》

白鳶，有守入天台見之。鈐「喆夫」朱文長條印。

博物圖畫六十《白狼》

　　白狼，有守曰余昔年登泰山，嘗獵得白狼一。與狼無異也。《瑞應圖》[1]曰：白狼，金精也。上有仁德明哲則見，謬哉。《詩·豳風》：「狼跋其胡，載疐其尾」。注狼老者項有懸月，誠然。地全雅曰：狼腸直，則妄也。《名物攷》[2]曰：「案狼之喻最多，言其恣食，則曰狼餐。言其恣取，則曰狼貪。言其威顧，則曰狼顧。言其亂走，則曰狼竄。言其陸梁，則曰狼戾。言其專愎，則曰狼狠。言其不卹，則曰狼戾。言其不撿，則曰狼籍。言其乖謬，則曰狼狽」。諒哉！鈐「哲夫」白文方印。右下腳鈐「真走筆」朱文橢圓形印。

【注釋】

[1]《瑞應圖》，南宋李嵩畫。

[2]《名物攷》十卷，明劉侗撰。

博物圖畫六十一《茉莉》

茉莉，佛書作末利。《洛陽名園記》作抹厲。王十朋 [1] 作抹利。洪景盧作末麗，皆以己意名之，又名鬘華，堪以飾鬘也。東坡目為闍麝。《清異錄》云：「銀以遺世宗使者，號之曰『小南強』」。《晉書》又稱「柰華」。《群芳譜》曰「雪瓣」。是花自波斯移植粵中，芳香不改。弱莖繁枝，葉如茶而大，綠色團尖。夏日開七出小白花，亦有重臺者，其氣皆郁烈。性能耐熱，故宜南方。當春盡去其葉，花迺盛。或以米漿及魚腥水溉之，花益香。珠孃喜以彩絲穿之為首飾。移之北土則開花一度耳。張景攷稱為遠客，每歲販牡丹至粵者必易是花而去。戊申重陽有守志。鈐「順德蔡題」朱文方印。

離支香裡玲瓏雪，徠助長安一夜涼。情味於人最濃處，夢魂猶惹鬢邊香。許槑屋詩。戊申重九後一日，喆夫再筆。鈐「喆夫」連珠文印，「雪味厂」朱文印。

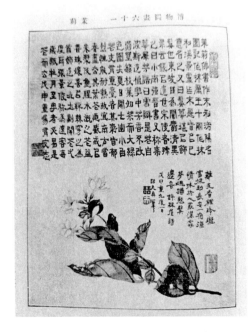

《國粹學報》1908 年第 8 號總第 46 期

【注釋】

[1] 王十朋，詳見《附錄 蔡守與古人交流考》。

博物圖畫六十二《木棉花》

木棉高十餘丈，大數抱，枝柯一一對出，排空攫拏，勢如龍奮。正月發蕾，似辛夷，頷厚，作海紅、金紅二色，蕊純黃。六瓣，望之如億萬華燈燒空，盡赤。子大如檳榔，五六月熟，角裂，中有綿飛空如雪，然脆不堅韌，可絮而不可織。綿中有子如梧子，隨綿飄泊，著地又復成樹。樹易生，倒插亦茂。枝長每至偃地，人可手攀，故曰「攀枝」。其曰「斑枝」者，則以枝上多苔，成鱗甲也。二月花開，光氣熊熊，映顏面如赭。花時無葉，葉在花落之後。葉必七，如單葉茶。未葉時真如十丈珊瑚，尉佗所謂「烽火樹」也。予詩：「十丈珊瑚是木棉，花開紅比朝霞鮮。天南樹樹皆烽火，不及攀枝花可憐。南海祠前十餘樹，祝融旌節花中駐。燭龍唧出似金盤，火鳳巢來成烽羽。收香一一立花鬚，吐綬紛紛飲花乳。參天古幹爭盤拏，花時無葉何紛葩。白綴枝枝蝴蝶繭，紅燒朵朵芙蓉砂。受命炎州麗無匹，太陽烈氣成嘉實。扶桑久已摧為薪，獨有此花擎日出《廣語》。」獨漉子歌曰：「粵江二月三月來，千樹萬樹朱花開。有如堯時十日出滄海，又似魏宮萬炬環高臺。覆之如鈴仰如爵，赤瓣熊熊星有角。濃鬚大面好英雄，壯氣高冠何落落！後出棠榴枉有名，同時桃杏慚輕薄。祝融炎帝司南土，此花無乃群芳主？巢鳥須生丹鳳雛，落英擬化珊瑚樹。歲歲年年五嶺間，北人無路望朱顏。願為飛絮衣天下，不道邊風朔雪寒。」予曾和其韻，按王世懋閣部疏云：「雲南霑益州有之」。又云「與吳中攀桂花同。蓋三名，實一物」。但予於他省未嘗見是花也。順德蔡有守並誌於香港寓齋。

排空蕋瓣霞飛徠，千林爭向春暄開。畫圖點綴入碧嶂，鉛火爚爚照丹臺。疑是絳妃列霞犀爵，又疑祝融怒擘禎螭角。火齊春雨洗還明，寶炬天風吹不落。奢華差幸亦英雄，豔麗最難不輕薄。牡丹倘是生斯土，也應拜此花為主。陳後休誇赤玉蓮，石郎枉恃珊瑚樹。不離故國長在吾越間，年年煙景娛紅顏。參天材大難為用，唯有吐葩先慰民無寒。木棉花歌用獨漉子原句。壬寅春稿，今錄之，哲夫。鈐「喆夫」朱文長方印，引首鈐「阮移」朱文長方印，右下壓腳鈐「傾城掌箋」朱文方印。

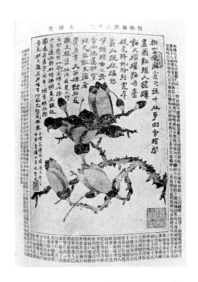

《國粹學報》1908 年第 8 號總第 47 期

博物圖畫六十三《龍眼》

龍眼之樹如荔枝葉少，殼青黃色，形圓如彈丸大，核如木樨《南方草木狀》作梘子而不堅。肉白帶漿，其甘如蜜，一朵恒三二十顆。荔枝方過，龍眼即熟，南人謂之荔枝奴，以其常隨於後也《嶺表錄異》。龍眼本荔枝之族，具體而微，故曰細荔《廣語》。龍眼皮黃而滑薄無點者，子大且甜。最大者孤圓，次金字，次山字，又次南字，遲者秋風子。結實每一年多則一年少，謂之敦樹，迺可經久。子且繁大。樹密翳風即生金雞蟲。廉州合浦所產絕美，可敵荔枝。廣州以順德陳村、教弼為上，番禺韋涌次之。廣州塘基堤岸園林，多種荔枝、龍眼。順德則有以稻田種者。田每畝荔枝可種二十本，龍眼倍之。以淤泥為壅，使潦水不及。以茭草覆蓋，使烈日不及。粵中荔枝遠勝福建，惟龍眼則粵又不及閩。蓋龍眼必多接乃美，三接者曰鈇樹，未接者曰野笔。福建龍眼皆經三接，而粵中龍眼率多野笔也。龍眼接法，以核埋地出芽，長至三四尺為栽，乃以龍眼之枝屈而接之，其栽之枝葉盡脫，乃以樹上之枝葉為栽之枝葉也。龍眼荔枝俱宜。清明節種，種龍眼以稻草纏之，自幹至枝，使易上水，欲龍眼實多而大。以鹽瘞之，生蟲則以鐵線濡藥刺之，否則樹盡蠹。龍眼花頭十汰七八，子乃甜大而多。荔枝花頭不可汰。諺云荔枝十花一子，龍眼一花一子。荔枝龍眼性且不同，荔枝肉白核赤，火在金中，宜向陽。龍眼肉白核黑，水在金中，宜向陰。荔枝之陽子甜。諺云當日荔枝，背日龍眼是也《粵中見聞》。龍眼自尉佗和荔枝獻漢高帝，始有名，一名益智，一名比目，一名圓眼，一名蜜脾，一名燕卵，一名

繡水團，一名川彈子，一名亞荔枝，一名荔枝奴，一名虎眼，一名海珠叢，一名蛟淚，一名木彈。南海之平洲，以十葉為第一，十葉之名俗訛作石硤。石與十音類，硤與葉音似也。凡龍眼葉或七片八片一椏不等，而此則一椏十葉，故因以是別。其種也，其肉白而脆，其味香而甘。剝去其殼以紙裹之，行數里而紙不濕，此真十葉也《龍眼譜》。戊申重陽前二日，有守哲夫並錄於阮籍。

龍眼，哲夫抄生。鈐「勵厂遺子」朱文方印，下鈐「有奇堂」朱文方印。

博物圖畫六十四《羊桃》

羊桃，一作洋桃。因東坡有「盧橘楊桃次第新」之句，粵人遂多作楊桃。案《臨海異物志》曰：楊桃似橄欖，味甜。五月十月熟，則似別為一果。而非羊桃也。羊桃樹矮而葉細，《廣語》曰樹高五六丈，大者數圍，非也。冬時著花，色紅紫，七八月間果熟，色黃於蠟。粵中石圍塘老樹者最佳。每枚有五六稜，如田家碌碡狀。以糯米水或鹽水澆之，味益甘。他處有三稜者名三斂子《臨海異物志》作三廉，亦曰山斂、斂稜也，俗語訛稜為斂也。亦以其味酸能斂顏色也，三斂味多酸澀，僅可為蔬耳。《廣語》云能避嵐瘴之毒。中蠱者搗自然汁飲之，毒即吐出。脯之以白蜜漬之，持至北方不服水土與瘧者皆可治。戊申九

月七日記於古赤柱山，順德蔡有守。

羊桃。戊申秋九月抄生於赤柱山下黃泥湧寓齋，哲夫。引首鈐「蠢樓」橢圓朱文印，文後鈐「有守」橢圓朱文印，「哲夫」白文朱文方印，後鈐「情繭」隨形朱文印。

博物圖畫六十五《必刻格拿》

必刻格拿 Beaked 鳥啄也，（英文莫辨）豕聲也，此魚亦然。通身堅甲，頷下青鬚。居最深海中，是以鮮見者。有守識。鈐「有守喆夫」白文方印，「江湖散人」白文方印。

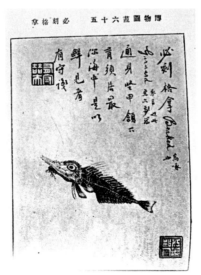

博物圖畫六十六《𧉫》

《周書》王會曰：「成王時封人獻𧉫。」𧉫，龜類而銳喙。喆甫蔡有守畫。鈐「奇璧」白文長方印，「有守」白文方印，右下角「菱實」朱文葫蘆形印。

博物圖畫六十七《象》

有守曰：《爾雅》，許慎《說文》《本草》諸籍都云吾國南方交廣雲南有象。而有守遍歷是邦，未嘗見也。豈昔有而今無耶。是圖乃壬寅秋□慧德彝女公子家所摹者。喆甫有守。引首鈐「守口如瓶」白文長條印，下鈐「順德蔡□」白文方印，壓腳「一切吉祥」白文方印。

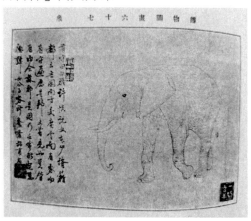

博物圖畫六十八《兕》

有守曰：《本草》釋名謂犀，兕，大抵是一物。古人多言兕，後人多言犀。北音多言兕，南音多言犀為不同耳，是說非也。犀、兕雖相似，顧亦有不同者。犀有兩角，一角立額，一角在鼻。劉欣期《交州記》[1] 云鼻上角長，額上角短是也。兕獨一角而長。如《交州記》云兕獨一角，長三尺餘，形如馬鞭柄是也。又兕革堅厚過於犀。如《說文》云可以為鎧。《周官》函人為甲，犀甲七屬，兕甲六屬。注犀甲差劣於兕甲之故。六層減一，犀甲七屬增一也。固知犀兕之甲實不同而角亦有別。繇是觀之，烏得謂犀兕同物也。陳藏器謂兕是犀之雌者，謬哉！來善語余曰，昔在瓊州掘地，曾獲兕骨一具，固知瓊州有是獸，今則無矣。丁未冬十二月既望，順德蔡有守哲甫氏志於合浦郡之北海，是年二十又六歲也。引首鈐「守真」朱文長方印，文末鈐「阿奇」朱文連珠印，「蔡」字朱文印，「成城子」半白印。

《國粹學報》1908 年總第 51 期

【注釋】

[1]《交州記》，晉劉欣期著。史類筆記。

博物圖畫六十九《帽帶草》

草之為物，種至繁夥，欲窮厥類，畢生弗得。西方博物之士，有特考鳳尾草屬而著書百卷者，亦可想已。戊申與夫子居赤柱山中將屆一載，每當曉烟才收或夕陽倭妥，偕夫子碎步林薄。頮首注眄，荒榛錯楚之間，每見一葰挺奇，一蔆卓異，莫不撥菭迻石，察其形狀，果為迥特，相與欣賞。掘歸藝之，故所

得不尠。攷其名實，取證古籍，千不獲一。夫子試攷蕃書，選選得之。時與夫子嘆祖國博物之疏也。是歲之秋七月既望，殘暑未退，月光擬日。與夫子攜手納涼至堅泥地路，路轉峰回，立泉作聲，因拂石偎坐。魊見亂石之間，有葉如帶，因泉而舞。急起觀之，見其形奇絕，長葉之下有一鉅葉，圓媲菡萏，貼於石上。而撧其根，圓葉之中，苗出數葉，長可二尺強，廣可五寸弱。尖圓之角宛似裁成，洵異草也。採歸種之，明日與夫子遍捼羣書，莫得其名。以之為石荷葉也。詎知石荷葉，寔為虎耳。以之為幅羅草也，詎知幅羅草，乃屬仙家謊言奚囊橘柚。無以名之，名之曰帽帶，其圓葉如帽，長葉如帶，誰云不宜。夫子證之蕃書，乃名 ASPLENIUM-RUTAEFOLIUM，生於地球之溫帶云。己酉三月十九夕，蔡張獨立記於徐家匯之半隱行窩。

帽帶草。己酉花朝閏節，有守寫。鈐「哲夫傾城」朱文方印。

《國粹學報》1909 年己酉第 3 號

博物圖畫七十《缾草》

缾草 Nepenthes Rafflesiana Jack，倭譯漢名曰「豬籠草」，以其不雅，故易之。是草亦得自古赤柱山，骨葉略似萬年青，最奇者其葉之中筋長出葉尖數寸，筋末復生一葉，如缾口上向，上修下豐，口有蓋，以作御雨之具。往往有小蟲陷入不能出而斃其中，草能消化吸收之。瓶初生時如葉色，老漸澹紅，筋絡密繞，紅于血絲。是草之有缾，寔為變形葉之一種。但造化之賾奇誠叵測。無怪景教之徒信有主宰也。或曰是草非吾國所有，有之亦從異邦來者。顧吾夫婦乃得於赤柱幽澗之中，又誰為迻植邪。寔我國人士尠事博物，未肯入邃厓窮谷求之耳。七十七己酉四月蔡張傾城病中記。

餅草。己酉花朝閏節哲夫有守畫。鈐「蔡哲夫」朱文長方印，左下角鈐「豈徒玩物理，亦欲長人智」白文方印。

博物圖畫七十一《雲裳菊》

菊類善變，厥狀靡盡。是種乃昔年見於香山繆家，孤花獨生，其大於斗，色白如雲而瓣輕頓，臨風飛舞，有若綷縩衣裳之致。故瀞蘭大家名之曰「雲裳菊」，委僕作圖，此即當年粉本也。守識。

雲裳鞠。繆瀞蘭家異種，順德蔡有文寫。鈐「有守」朱文長方印。

博物圖畫七十二《菠蘿蜜》

菠蘿蜜,梵語也。安南名「曩伽結」,波斯名「婆那裟」,佛林名「何薩韠」,亦曰「優缽曇」,曰「映日果」,曰「阿馹」。《粵中見聞》云:「蕭梁時西域入貢,種於南海廟前。」今則高、雷、廉、瓊四州特盛。樹高五六丈,類冬青而黑潤,樛枝大葉,孟春而花,四瓣,大小相間,綠色似葉而厚。《本草》謂其無花,非也。其實自根而幹而枝條皆有,累累若癭瘤。然五六月熟,大如斗,重至三四十觔,皮厚,有頓刺礧砢如旋,贏瓤間疊如橘柚囊,氣甚芳郁,有乾濕苞之異,乾者液不濡膩,味尤甘,有核千百枚,大如棗,煮之似栗。栽其核五六年,樹徑尺,削去其杪,鍼刺其本即實。否則以刀斫樹皮,有白乳湧出,凝而不流,一斫一實,十斫十實。故又名「刀生果」。或云其實有潛結地中者,熟而香發,人始知之味,較枝幹所生者益美,則余未嘗見也。哲夫蔡守並識。

菠蘿蜜。有文抄生。鈐「成城」朱文方印。

博物圖畫七十三《神仙掌》

神仙掌,亦名仙人掌,草本,節勁而形扁,厚若齟齬,杈枒而生,破之多乳。《嶺南雜記》言其汁入目使人失明。老則多刺。故農家種之於菜畦以止牛踐。顧其性喜蹺惡肥,故生於壁腳沙頭者尤盛,枝短葉嫩,夏日而花,外瓣大色黃,內攢瓣如毬,其色淺紅,秋日結寔,其色黃赤,有重殼,外厚內薄,熟可食,味兼苵栗。黃文裕賦曰「比擎珠於翠掌,侔蒸栗之芬馨」是也。廣語謂食之可以輕身延年,故名「千歲子」。又謂其可以辟火,未必然也。順德蔡守

守一併記。

神仙掌。成城子抄生。鈐「守」朱文方印。

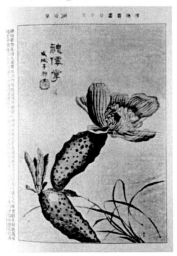

博物圖畫七十四《木瓜》

此乃嶺南之木瓜，非楙也。木本卓立，有類梭櫚，高者丈許，巨可合勻，皮汁多乳，瓜葉層布，花穗叢生，色微綠紫，蓏實橢圓，初長深綠，熟則漸黃，大可如瓯，味甘，子白如米。其樹多分雌雄兩種，間有花而不實者，但花實殊苞耳。故屬無花果類。蔡守守一記。

木瓜。孟秋新殊鐙下寫，哲夫文。鈐「哲夫成城」朱文方印。

博物圖畫七十五《使君子》

使君子，藤本，花初開淡紅，越宿漸深，粉背紫葰，實如橄欖，殼堅生稜，剖之有仁四五，味甘，曝之以充藥品，可療小兒疳疾云。蔡守守一併記。

使君子。己酉七月既望順德蔡文。鈐「喆夫」朱文方印，「喆夫己酉後作」朱文方印。

博物圖畫七十六《珊瑚珠》

珊瑚珠，藤本，其實如串珠，每琲約三四顆，末深紅，次淺紅，次黃紅，次黃，鮮豔可愛。己酉秋遊大林麓在雪聲堂後即陳獨漉之故里見之，因作粉本寄蔡守一。順德溫其球幼菊氏識於鏡樵樓。

珊瑚珠，文文一寫。鈐「蔡守守一」朱白文方印。

博物圖畫七十七《番利支》

　　番荔枝，亦菠羅蜜之類也。自南洋群島移來。故粵之高、雷、廉、瓊四府最夥。樹高不及尋，修柯叢出，大葉密布，一年兩實，秋造尤盛。果大於瓝，皮厚有頓刺，色如曾青，肉味甘而濃鬱，誠嶺南之異果也。七十七己酉秋八月蟹珠島張傾城識於海上之蠡樓。

　　番利支。文文一畫。鈐「守一」朱文長方印。

博物圖畫七十八《茅膏菜一》

　　茅膏菜，名見《本草》及《動植物名寔圖考》等書，閩浙諸省山中皆產之，捕食昆蟲以為養料。究心植物學者眎為奇品，寔則非奇也。尋常植物吸於根之營救料必俟輸之葉面營同化作用後乃為救分，若根之發育不良或葉之綠素不足，不得不直接有機物以為營救。此食蟲植物之通例。是菜亦綠素不足也。種屬茅膏菜科，學名 Droseraceae，喜生陰濕之地，莖高六七寸，葉如半月形，長柄互生，外被腺毛，細而密，由此以分泌黏液，捕食小蟲，夏間莖梢開白色五瓣小花。發為總狀花序。公俠薛蟄龍系說。

　　茆膏菜式，蔡文抄生。鈐「蔡守守一」朱白方印。

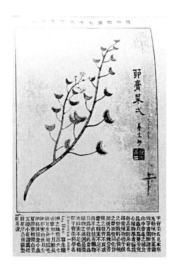

博物圖畫七十九《茅膏菜二》

是亦茅膏菜之一種，形與前者相似，科學名 D·indica·L。惟葉身為長披鍼形，花呈紅色，間混以白色，斯為差異耳。所產之地亦較前者為少。此類之捕蟲作用全賴葉緣與葉面之腺毛，蓋腺毛之端分泌黏液，蠅蠅等蟲群相來集，觸之不能脫。其黏液中寔含多量之蟻酸及俾普敦等之醱酵素，故蟲體遂得消化而吸收之。己酉初冬公俠又記。

茆膏菜二，蔡文一寫。鈐「守一」朱文長方印，左下「冷淡生活」白文長方印。

博物圖畫八十（原文缺）

博物圖畫八十一（原文缺）

博物圖畫八十二（原文缺）

博物圖畫八十三（原文缺）

博物圖畫八十四（原文缺）

博物圖畫八十五（原文缺）

博物圖畫八十六（原文缺）

博物圖畫八十七（原文缺）

博物圖畫八十八（原文缺）

博物圖畫八十九（原文缺）

注：《國粹學報》原刊第 60 期《博物圖畫》七十九號，第 61 期《博物圖畫》接著是九十號，八十號至八十九號圖文均缺。

博物圖畫九十《羨道中馗　玉蕈》

《爾雅》注：「中馗地蕈似蓋。」江東名土菌，亦曰馗，廚疏菌之大者名中馗，中馗固鉅蕈也。曩年走在剡中，見有古發冢者於羨道中獲一鉅蕈，鏡逕二尺弱，面綠色，花紋如團，作淺紅色，團中更有深紅點，爛然如錦襠，紅白相間，文理亦細，破之氣極郁烈，顧有毒不可食。

玉蕈，蔬菜之類也，大如瓾，純白色，味甘可食。吳中尤多。己酉冬十二月九日蔡守守一呵凍並識於兩盦一劍頒。

玉蕈，羨道中馗。鈐「蔡守守一」朱白文方印。

博物圖畫九十一《蟮蟱蕈　鐵面蕈》

蟮蟱蕈，丙午春於武昌之洪山塆下見之，形橢圓，大如盆，黑白作玳瑁文，莖有輭刺，色深黑，氣辣有毒，不可食。

鐵面蕈亦是年見於漢陽伯牙琴臺，側面圓如菽發，皮厚而黑，更有黑斑點，褐赤色亦不可食。守並識。

鐵面蕈，蟮蟱蕈。鈐「守一子」朱文長方印。

博物圖畫九十二《佛手蕈　鬼蓋》

佛手蕈，又名掃帚蕈、燈草蕈、葱管蕈，皆象形也。一根叢生如荳芽菜，而灰白色，味極柔滑鮮美。三月間多產支硎山及黃山、貞山、玉遮山，處處有之。此品為鄉人所最尚者，其鬻法用面餳着膩，多下薑屑，與杜園筍為羹，真山居之上珍也。鬼蓋亦菌屬，甚小而薄，莖亦細弱，多生於牆陰瓦縫之間，朝生暮萎。可見其輕脆也。蔡守並識於兩罍一劍頃。

佛手蕈，鬼蓋。鈐「蔡守守一」朱白文方印。

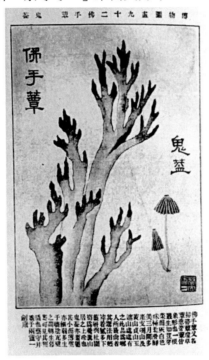

《國粹學報》1909 年己酉第 13 號

博物圖畫九十三《九雲芝　鬼筆》

芝橚，亦蕈類也，但其質堅而似木，故能耐久不死，即死而質猶堅。與蕈媆異耳。此九雲芝，一莖而九朵。昔登泰山，宿女冠子柳耶須庵中見之，高可三尺弱，誠芝中尠見者，但柳子謂是數千年靈物，能祓不祥，則不足信也。鬼筆亦鬼蓋之屬，但形如筆，其首或紅或黑，莖黃白，有類牙管，近根有托，又如花蒂，然亦生於晨而萎於晡者也。蔡守哲夫並記。

鬼筆，九雲芝。鈐「守一」朱文長方印。

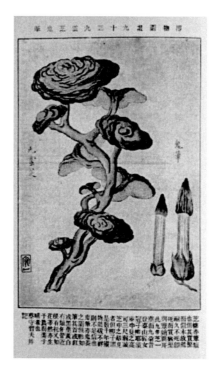

《國粹學報》1910 年庚戌第 1 號

博物圖畫九十四　九十五《海藻兩種　海藻三種》

　　《爾雅》：「藫、海藻、藻，石衣。綸似綸，組似組，東海有之，皆海藻也」。藫音「潭」，亦作「薚」，「薚」與「潭」同音，《玉篇》：「藫，海藻」。《南越志》：「海藻一名『海蘿』，或曰『海羅』，生研石上」。陳藏器《本草》海藻有兩種，生淺水如短馬尾名馬尾藻，生深海中葉如水蘊而大，名大葉藻，俗名海菜，可為菹。又海帶出東海水中石上，似海藻而麤，柔韌而長，人切食之，皆善治瘤癭結氣，被海之邦食此故能療之也。又石帆生海底，高尺餘，根色如漆，亦海藻，想即《爾疋》所謂「藫，石衣」也。車若水《腳氣集》海藻所謂大菜也。昔居北海之濱，所見海藻之形狀不知凡幾，惜未嘗一一圖之，今僅存此五種。又《楚庭稗珠》録瓊州所產石花菜、紙菜、鹿角菜、龍鬚菜、昆布、海粉、水綿、紫菜、綠菜、海毛菜、石髮、漚菜亦皆海藻之屬。庚戌二月望蔡守記。

　　海藻二種。哲夫畫於海上。鈐「喆夫」朱文長方印。

　　海藻三種。喆道人畫。鈐「喆夫」朱文長方印。

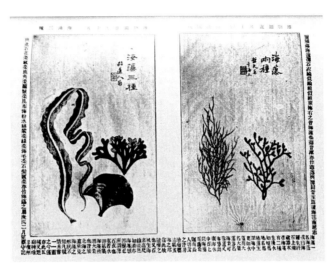

博物圖畫九十六《栭四種》

　　《禮·內則》：「芝栭菱椇」。鄭注人君燕食所加庶羞也。《說文》「檽，木耳也」。檽即栭，亦作檽、檽、㮙，皆音軟，實一字也。《本草別錄》：「木生為檽，又名木菌、木蛾、木縱、樹雞、桑鵝，又曰栭。凡有莖者為芝為蕈，無莖者皆栭也」。栭之類亦繁，生於垂死之樹，其形如芝。其質如朽木者，為獼猴眼，不可食。生於山麓路傍。老則皮裂，內如柹子者為酸漿菌。木耳以桑、榆、槐、柳、榕、柘所出為良。出於桑者治痢，出於梅者治腹痛，楓木所出者食之令人笑不止。又石耳，生於石上多皺而厚，食之甚脆。其生必於青石，當大雪後石滋潤，微見日色則石生耳，大者成片如苔蘚，色碧綠，望之如烟。蓋石之精英以寒而發。其花為雪蕈，其葉為石耳也。石耳亦微有蒂痕，大小朵朵如花，烹之面青紫如芙蓉，底黑而皺。每當昧爽，擷取則肥厚。見日漸薄，北方猶有榆肉，此則苔蘚之肉云。或曰凡青石以烈日輒出汗，汗凝結則成石耳。青為木氣，故生石耳，白石則否。或曰此亦蕈之類，厚者曰蕈，薄則為耳。或曰凡乳床必因石脈而出，不自頑石出也。其在陰洞者為乳床，在陽涯者為石耳。石耳之美，見稱於伊尹。其言曰漢上石耳，蓋上古已珍之矣。又羅浮多地腎。蓋松之膏液因鬱蒸之氣而成。或松花落地而成，一名松花。且松黃未落為松實，已落而英華未散為地腎，蓋松氣之盛所致也。其為狀，小若彈丸，大若雞卵，紅黃相錯，一一品瑩，熟之味甘以香。菴僧嘗以甜藷、百合、籠蔥、竹胎、涌生、葛乳雜之為素饌。其生無根蒂，散佈松下土。鬆石瀸潤處輒有之。意《菌譜》

所謂松蕈也。凡物出於松者無不可愛，而地腎之生，無附麗氣，與松合而形，與松離則尤異。或曰地腎亦伏苓之類，皆假松氣而生。凡松之有兔絲，則下必有茯菟之根，無此菟根在下，則絲不得生乎上，然其實不屬也。地腎者伏菟根之類也。然茯苓雖附松根而伏於土中，然茯者伏也。地腎散佈地上，則松花之所變也，亦松實也。哲夫並記。

栭四種。哲夫寫。鈐「喆夫」朱文方印。

博物圖畫九十七《銅鼓蕈　燭臺蕈》

銅鼓蕈，大可合勺，色青綠若古鑒。有文如獾猺都老之皷，蓋不甚厚而莖絕壯。即陳仁玉《菌譜》[1] 所稱毒蓋氣所成，食之能殺人者。庚子西樵追暑所見。燭臺蕈大如合□，莖蓋皆黃色。其形與吳息園著《吳蕈譜》[2] 燈臺菌迥異。莖甚犅，下更有盤大於蓋。蓋盡為軟刺四垂若羽。豈《會仙雜記》所謂分絲菌邪，抑《內觀日疏》[3] 所謂禽芝邪。顧其氣□蕣，必毒菌也。戊申七月於肇慶鼎湖山見之。

銅皷蕈，燭臺蕈，蔡文一繢圖。鈐「守一」朱文長方印。

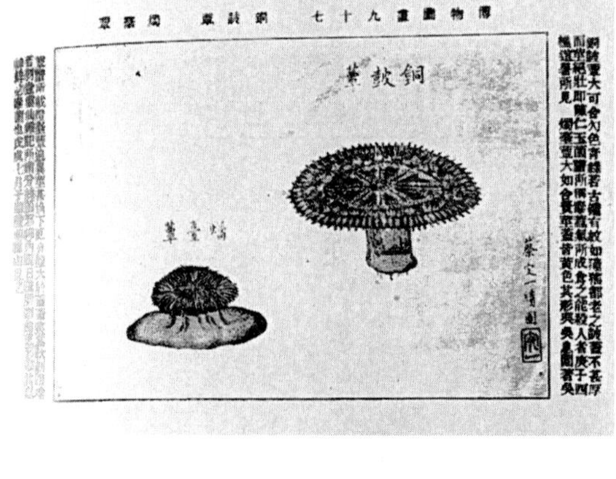

【注釋】

[1]《菌譜》1卷，宋陳仁玉撰。仁玉字碧棲，台州仙居人。

[2]《吳蕈譜》1卷。清吳林著，吳林字息園，江蘇長洲人。

[3]《內觀日疏》，宋人著。元末明初陶宗儀編《說郛》卷三一引《內觀日疏》：「謝
幼貞嗜菌，庭中忽生一菌，狀若飛鳥」。

博物圖畫九十八《鎧甲菌　綠毛鍾馗》

丙申六月客桂林，與劉介峰福堅遊月牙山見此菌，圓徑三刂弱，高二刂
強，五色俱備。文如鎧甲，頂為輪，次為釫，又次為札，周又十四葉，又次為
裳，作鱗文。老僧告余曰，夜間望之有光，更符陳藏器所言，必為毒菌，且日
間於澗得死鼍二，死狸一，必舐其汁液所致也。又是年七月，於隱山夕陽洞見
一鉅菌，綠毛遍體，背又無褶，亦如陳氏所云有毛無文是毒菌也。庚戌四月既
望，蔡有守哲夫並記。

鎧甲菌，綠毛鍾馗。鈐「守一」朱文長方印。

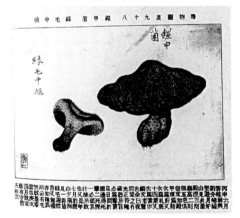

博物圖畫九十九《蓬蔬兩種》

蓬蔬，家蕈也。吾粵又謂之菰，有兩種最佳，一曰冬菰，一曰草菰。冬菰
以從化最盛，冬伐羊矢木置山中，得雨雪所滋而發生，甚苴壯，斂而不張，色
深褐有裂紋如花，故又名花菰。氣味極香郁甘滑，其薄而繳張無裂紋者俗名香
信，香味皆不逮也。草菰產韶州曹溪南華寺者最佳，故亦名華菰，以稻稈堆置
山中，恒以糯泔沃之，至菰吐而日三灌之，待莖不盈寸，即采摘。他處則莖長
至寸許二寸者，以是別之耳。《舟車聞見錄》[1]謂：「其味不亞於北地磨菰」，
誠然。二種皆曝乾而香益烈，且可貯久而傳遠。商橫淹茂競渡後二日，哲夫守

並記。

　　蕈蔬兩種。蔡守寫生。鈐「喆夫」朱文長方印。

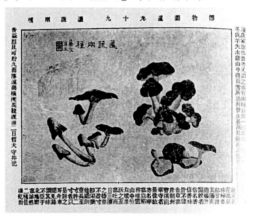

【注釋】

　　[1]《舟車聞見錄》，清江藩著。江藩，字子屏，號鄭堂，晚號節甫，江蘇甘泉人。

博物圖畫一百《五兩花》

　　五兩花，藤本。白花五瓣，如車輪，抽其心貫以鍼，因風旋轉，譬倪「倪」即「五兩」也。見《淮南子‧齊俗訓》之見，無須臾之定也，故得名。戊申夏日余與鄉里傾城子於古赤柱山因緣石下見之。戊申五月初七日哲夫蔡守並識於上海徐家匯之寓樓。

　　五兩花。蔡守寫生。鈐「喆夫書畫」朱文方印，左下角鈐白文方印「豈徒玩物理，亦欲長人智」。

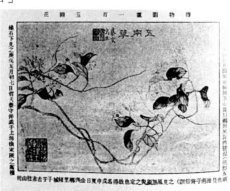

博物圖畫一百零一《蛾眉絨》

　　蛾眉草，名雖特見《羅浮山志》[1]，顧隨地有之。因其纖微，人多弗察耳，斑斑點點，叢生如苔蘚。亦喜陰濕，老則能葩。白色，小僅可見。結子每苞百數十粒，其細如塵。余雅好小山，每次品蒁，以助野意，久而不生。正如王彥章云：「回耐這綠拘兒」，嗣得是草之子，用布石隙。匝月怒生翠綠，洵可喜也。室人傾城子嘗題一詩曰：「龍鬚虎耳未相侔，翠彩纖苛得似不傳休詩：『翠彩發蛾眉』。灑灑端宜公子買司空圖詩：『盡輸公子買蛾眉』，娟娟不惹銜姬愁鮑照詩：「娟娟似蛾眉』。傳杯秀色青浮酒黃庚詩：『傳杯不復倩蛾眉』[2]，窺鏡新痕綠鑷疇謝朓詩：『窺鏡比蛾眉』。石洞穩於金屋貯白居易詩：『金屋貯蛾眉』，怎同贏黛也悲秋。」哲夫蔡守記。

　　蛾眉草，細于髮，色絕綠，以點几上小山，無與儔也。名見《羅浮山志》。蔡守舥圖。鈐「蔡」朱文圓印，「十六子」朱文方印。

【注釋】

　　[1]《羅浮山志》12 卷，清陶敬益撰。陶敬益，江寧人。康熙中官博羅縣知縣，據黎惟敬舊志，益以僧塵異《名峰圖說》，互相補輯，合為一書。

　　[2]「傳杯不復倩蛾眉」，宋黃庚詩。黃庚，字星甫，號天台山人，浙江天台人。晚年曾自編其詩為《月屋漫稿》。

博物圖畫一百零二《芥蘭》

　　芥蘭，亦芥之一種。《蔬譜》云：「芥心嫩苔謂之芥藍，非也。以其葉藍色，

故亦名芥藍耳」。又《嶺南雜記》[1]、《粵東筆記》[2] 均謂其葉有鉛不明物質，尤為可歎。芥蘭以吾鄉為特美，余足跡遍布南北，蔬食未有如此甘脆者。昔年客首善，嘗有憶芥蘭詩，詩曰：「張翰秋風思蓴菜，蔡守冬寒憶芥蘭。家園籬落凝霜天，芥蘭茁茁翠甲攢。十換曾青畫不如，耐寒曉起憑欄看。黃連地名泥爐石灣缽，侍兒手摘餉晨餐。甘脆別具菜根香，斯時佳味正登盤。天涯遙憶空流涎，家園奈隔關山難。龍江蔡守並記於鏡齋。時商橫淹茂荷花生日也」。

芥蘭，七十七庚戌春杪，龍江蔡守製圖。鈐「守」朱文方印，「龍江」白文方印，壓腳「傾城夫婿」朱文方印。

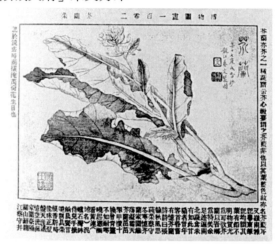

《國粹學報》1910 年總第 68 期

【注釋】

[1]《嶺南雜記》2 卷，清吳震方撰。記其客遊廣東時所見。多記山川風土，兼及時事。

[2]《粵東筆記》，清李調元著。李調元，詳見《附錄　蔡守與古人交流考》。

博物圖畫一百零三《異槿》

此俗稱西藏紅花，寔朱槿之變種也。枝葉固與木槿、佛桑無異。其花下垂，瓣如翦綵，倒卷向上，一蕊下垂條，長二寸強，末綴金屑，日光所爍，疑有焰生。嶺表朱槿，固有如此，但瓣五出，大如蜀葵耳。樹高四五尺，枝葉婆娑。自三月開花至仲冬方歇。一叢日開數百朵，雖繁麗而無香。朝開暝落，插枝即活，亦儼然槿也。商橫淹茂秋七月晦日，蔡文並識於鏡齋。鈐「鏡齋」白文方印。

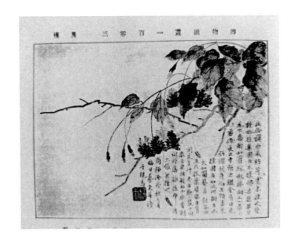

博物圖畫一百零四《龍蘭　珊瑚蘭》

　　龍蘭、珊瑚蘭皆風蘭也。俗謂之弔蘭，以其懸於簷間，不著水土，自然繁茂。龍蘭色白，花大而少有香。珊瑚蘭色紅，花小而多無香。潮州、豐順所產最富。其形色亦不一。土人摠名之曰倒掛蘭。余有咏風蘭詩曰：「炎宋純然是一天，不持覆土論亡存鄭所南《一是居士傳》曰：『大宋粹然一天也，不只有疆土而存，無疆土而亡。憶翁畫意芳心識，根自凌空花自繁。」哲夫蔡守。

　　龍蘭，珊瑚蘭。成城子製圖。鈐「哲夫」朱文圓印。

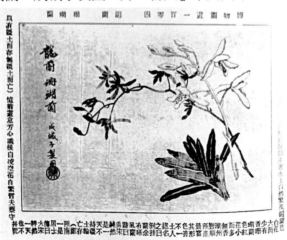

博物圖畫一百零五《鶴頂蘭》

　　屈大均《廣東新語》云：「鶴頂蘭嶺嶠最盛，花葉俱大，面青綠背白，花紅如丹，卷作筒狀，微如鶴頂。一莖數花，苗壯者多至二十朵」。守記。

博物圖畫一百零六《木香》

　　木香花灌生，叢條，有刺如薔薇。四月開花。花有三種，惟紫檀心白花者最香馥清潤，高架萬條，望若香雪。其青心白黃二種及白花細朵者香皆不逮。俗說檀心者號「荼蘼」，不知何據也。《曲洧舊聞》[1] 云：「京師初無木香，始禁中有數架。花時民間或得之，相贈遺，號『禁花』」。今則盛矣。守記。

　　木香。庚戌秋八月，蔡守。鈐「喆夫」朱文圓印。

【注釋】

[1]《曲洧舊聞》10 卷，南宋朱弁撰。小說集。記錄了北宋及南宋初期的朝野遺事、
　　　社會風情和士大夫軼聞。

博物圖畫一百零七《金彈子》

金彈子，生青綠，至六月熟，黃如金，一名黃皮，味酸甘，生鮮多食，荔枝厭飫鹽醃，醒酒開胃。核磨水，塗消孩子頭瘡。葉煮水洗浴，能去污穢，有曰白臘子，与杷似。諺曰：黃皮白臘，甜酸相雜。右錄《粵中見聞》一則。七十七庚戌夏四月春日，北海蔡文哲夫製圖於上海。鈐五印，「順德蔡守」朱文方印、「有守」朱文方印、「喆夫」朱文方印、「成城子」白文方印、「蔡守守一」朱白文方印。右下角鈐「遇物能名」長條朱文印。

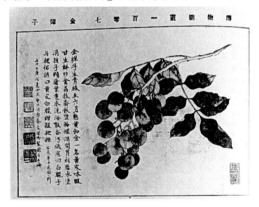

博物圖畫一百零八《憂殿菜》

此據東官鄧粹如淳著《嶺南叢述》[1] 所引，今攷坊本《南方草木狀》中無是種。想是傳寫之遺漏。哲父又志。鈐「成城」朱文方印。

合浦有菜名優殿，以醬茹食之甚香美。見《南方草木狀》，成城子補圖。鈐「中郎後人」「成城子」朱文方印。

【注釋】

[1]《嶺南叢述》60 卷，清東莞人鄧淳編，古代廣州綜合性歷史文獻。有天文、歲時、輿地、水道、宦紀、禮制、樂器、文學、武備、人事、閨閣、服飾、宮室、器物、珍寶、百花、草木、竹藤、百果等。

重博物圖畫一百零七《瑞香》

瑞香，高三四尺，有數種。有枇杷葉者，楊梅葉者，柯葉者，毯子者，攀枝者。色有紅、白、紫三者。紫色香最烈，如麝臍。梅蘭襲其香氣，花片即時焦枯。乳源縣尤多。冬月盛開如雪，名雪花。刈以為薪，雜山蘭、芎荊之屬燒之，比屋皆香。其種以攣枝為最，雜眾花中，眾花往往無香，皆為所奪，一名奪香。花乾者可以稀痘。又云孕婦不能近，近則墜胎，以其香烈如麝也。九日，哲夫氏並誌。

瑞香，庚戌首夏蔡守製圖。鈐「哲夫」圓形朱文印，左下角鈐「蠡樓」方形朱文印。

重博物圖畫一百零八《素馨》

《南方草木狀》[1] 之那悉若，今廣州之素馨花也。又云與茉莉皆自西國移植南海。陸賈《南越行紀》[2] 曰：「此二花獨芳」。段成式曰：「野悉蜜 [3] 出拂林波斯，花五出，白色，不結子。與嶺南詹糖 [4] 相類。」詹糖即旃檀之轉音也。番禺尤多，有花田云。南漢劉鋹之姬葬此，其地名莊頭，婦女率以昧爽往摘，以天未明見花而不見葉。其未開者覆以濕巾，不使見日。歸穿成瓔珞

以賣與麗人飾髻，又以穿作燈。故楊用修 [5] 云：「粵中素馨燈，天下之至豔者。」屈大均 [6] 詩曰：「盛開宜酷暑，半吐在斜陽。繞髻人人豔，穿燈處處光。」花田之民以此花求一年衣食而有贍，其多可想也。庚戌九月九日。順德蔡有守並記。

成城子為素馨寫照。鈐「成城」朱文圓印，左押角鈐「豈徒玩物理亦欲長人智」白文方印。

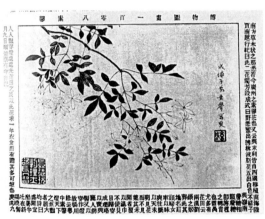

【注釋】

[1]《南方草木狀》記：「茉莉花似薔薇之白者，香愈於那悉若（即素馨）」。《南方草木狀》，西晉嵇含著。全書分上、中、下三卷。卷上草類 29 種，卷中木類 28 種，卷下果類 17 種，竹類 6 種。書中介紹的 80 種草木，均是南海番禺、高涼、交趾合浦、桂林、九真日南、林邑、扶南（即現在廣東、廣西大部，及越南、老撾、柬埔寨廣大地區）和大秦（羅馬帝國）等地的植物；耶悉茗，書中記載「耶悉茗花、末利花，皆胡人自西國移植於南海，南人憐其芳香，競植之。陸賈《南越行紀》曰：『南越之境，五穀無味，百花不香，此二花特芳香者，緣自別國移至，不隨水土而變，與夫橘北為枳異矣。彼之女子，以彩絲穿花心，以為首飾。』」嵇含，詳見《附錄　蔡守與古人交流考》。

[2]《南越行紀》，漢陸賈著。已知最早專記嶺南地理風俗的志書。陸賈，詳見《蔡守與古人交流考》。

[3] 野悉蜜與耶悉茗均為波斯語茉莉、素馨的漢字音譯。

[4] 詹糖，實為安息香，《本草經集注》：「此香皆合香家要用，不正入藥，惟療惡核毒腫。詹糖出晉安岑州。上真淳者難得，多以其皮及蟲蟲屎雜之，惟軟者為佳，

余香無真偽而有精粗爾。」《新修本草》：「詹糖樹似橘，煎枝為香。似砂糖而黑，出廣交以南。」

[5] 楊用修，即楊慎，詳見《附錄 蔡守與古人交流考》。

[6] 屈大均，詳見《附錄 蔡守與古人交流考》。

博物圖畫一百零九（原文缺）

博物圖畫圖一百一十（原文缺）

博物圖畫一百一十一《柊葉》

《南方草木狀》云：「柊葉，羌茶也。如芭苴物，交廣皆有之」。《廣語》云：「柊葉，狀如芭蕉，濕時以裹角黍，乾以包苴物，封缸口。」蓋南方地濕熱，物易腐敗，惟柊葉持久，即入土十年不黝，柱礎上一柊葉墊之能隔濕潤。亦能理象牙，使光澤。粵中葉之可為用，柊葉為最，蒲葵次之。庚戌冬十月朔後五日，哲夫並記，鈐「漢鏡臺」白文長方印，「蔡文」白文方印。

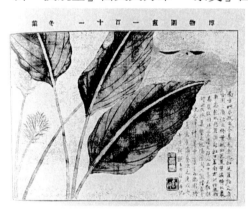

博物圖畫一百一十二《樹蘭》

又按《粵東筆記》云：「木蘭花如粟，淡黃，芳似珠蘭而蘊藉過之。樹本大者圍數尺，真可以為木蘭舟也」，則誤以樹蘭作木蘭。木蘭乃辛夷也。庚戌冬十一月既望，哲夫守又記於漢鏡臺中。

《嶺南雜記》云：「樹蘭高丈餘，花葉似魚子蘭而香烈過之。五葉者貴。其花不落，香且久。三葉者其花次日即落，俱不能度大庾嶺。度嶺次年不花，三年萎矣」。順德蔡守製圖。引首鈐「半隱行窠」朱文長方印，尾鈐「哲夫成城」朱文扁印，右下腳鈐「遇物能名」白文方印。

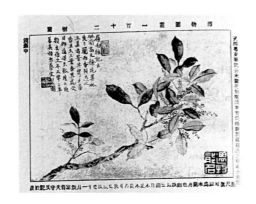

《國粹學報》1910 年總第 73 期

博物圖畫一百一十三《睡蓮》

《北戶錄》云:「睡蓮葉如荇而大,沉於水面。其花布葉數重,凡五種色。當夏晝開,夜縮入水底,晝復出也。與夢草晝入地,夜即復出,一何背哉」。《南方草木狀》云:「花之美者有水蓮,如蓮而莖紫柔,無刺」。有守按:即今粵中午時蓮也。有守續並誌。鈐「哲」朱文方印,「南社哲父」白文方印。

《國粹學報》1910 年總第 73 期

博物圖畫一百一十四《賽蘭》

賽蘭,長二三尺,莖葉離披甚弱。盛以美盎,以竹圈數重護之。性喜陰潤,亦勿過濕及近煙火。花如珍珠,累累若貫珠,駢附了梗一支,輒作數琲,分布若雞爪,故又名雞爪蘭,亦曰碎蘭,四時有花,色黃綠而香經久不散。楊用修云:「伊蘭即賽蘭,小如金粟,香特馥烈,戴之髮,香聞十步。狀如魚子,故亦名魚子蘭」。《粵東筆記》云係藤本。非也。《嶺南雜記》云:「其根有毒,食之殺人,故蒸花露者忌之」,則未眥然。庚戌冬十二月十又三日雪中呵凍記於

漢鏡臺中哲夫守。

「南有賽蘭香，名花人未識。光風散微馨，甘露洗新碧。一月薰蒸來，氳氳在肝膈。迺知方寸根，中稟天地塞」。錄陳白沙先生句。商橫淹茂夏六月杪，溽暑揮汗畫於海上，順德蔡守哲夫並記。鈐「喆夫」朱文方印。

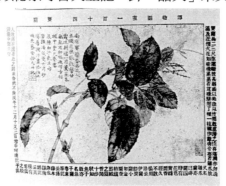

《國粹學報》1910 年第 73 期

博物圖畫一百一十五《苦茄》

苦茄，又曰齎茄，假茄。生野外。嶺南最多。樹高尺許，有刺，經冬不凋。宿根蔓生，實黃而小，不可食。哲夫。鈐「守」朱文方印，引首「遇物能名」白文長方印。

《國粹學報》辛亥第一冊

博物圖畫一百一十六《藤菜》

《惠州府志》云：「藤菜一名落葵。蔓生，葉柔滑可食。出豐湖者尤美」。蘇東坡詩：「豐湖有藤菜，似可敵蓴羹」。商橫淹茂十月朔日，順德蔡有守製圖。鈐

「順德唯印」白文長方印,「哲夫」白文方印,引首「遇物能名」白文長方印。
「漢鏡臺」朱文長方印。

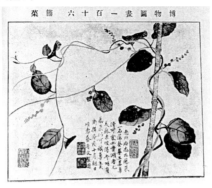

《國粹學報》1911 年第一冊

博物圖畫一百一十七《黎朦》

黎朦。黎朦子,或作林檬。今俗作檸檬,大如柑橙,亦同時熟。色紅黃,味極酸。產粵中,以鹽漬之,歲久不變。可理傷寒,亦能開胃除噯噦,一名藥果。孕婦肝虛者之,故又曰「宜母子」。蒙古呼為「舍里別」。哲夫蔡守畫。鈐「蔡哲夫」朱文長方印,「遇物能名」白文方印。

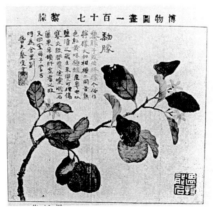

《國粹學報》1911 年第一冊

博物圖畫一百一十八《弔鍾花》

弔鍾花,肇慶最盛。木本,花有紅白二色,形如鐘,皆下垂,無仰口者。先花後葉,每簇九花,壯者多至十五六花。相傳惟鼎湖山所產每簇十二花,非也。余曾遊鼎湖,知此山中只得數株,而禁斫伐,市上所賣必非此山者無疑。蔡守識。

弔鍾花。兩盦一劍頤主寫真。鈐「守」字白文方印,「雪味厂」朱文長方印。

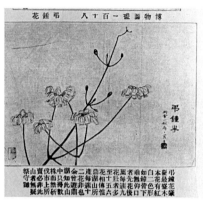

博物圖畫一百一十九《蘋婆》

蘋婆果樹絕高,其莢如皂角,長二三寸,子生莢間。老則莢迸開,內鮮紅可愛。佛書所謂「唇色赤好如蘋婆」是也。子皮黑肉黃。熟食味甘,益要栗也。相傳三藏法師自西域移至。梵語「蘋婆」,與北方蘋婆果不類,而名與林檎相混。本名「羅望子」,又曰「羅晃子」。其皮七重,故俗謂顏厚者為蘋婆。

蘋婆。哲夫寫真。鈐「哲夫」朱文長方印。

博物圖畫（無編號）《麻蒀》

麻多舊根，一年凡四刈。五月刈者曰首苧，性柔。末刈者黀其苗之穉者，可芼，是曰麻蒀。廣人多以醋炒食之。廣州多青麻，高州多黃麻。青麻蒀最美。

麻蒀。哲道人抄生。鈐「哲夫」白文方印，「山家夫婦翰墨□□」壓腳朱文方印。

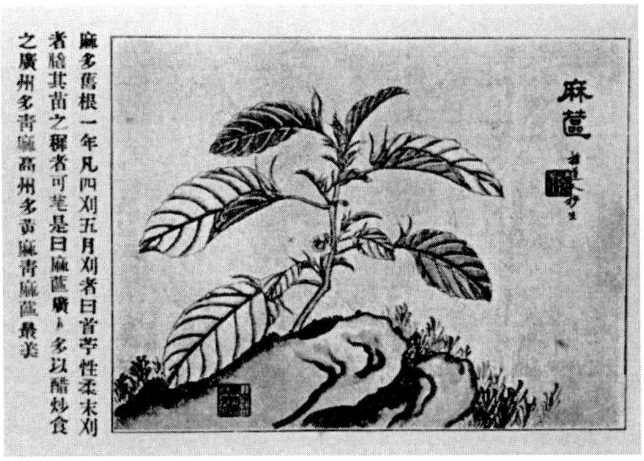

《國粹學報》1911 年第一冊

博物圖畫一百二十一《沐浣子》

沐浣子，似棠毬，色黃皮皺，可浣衣。

沐浣子。庚戌中秋哲夫作。鈐「哲夫成城」白文方印，壓腳鈐「漢鏡臺」白文長方印。

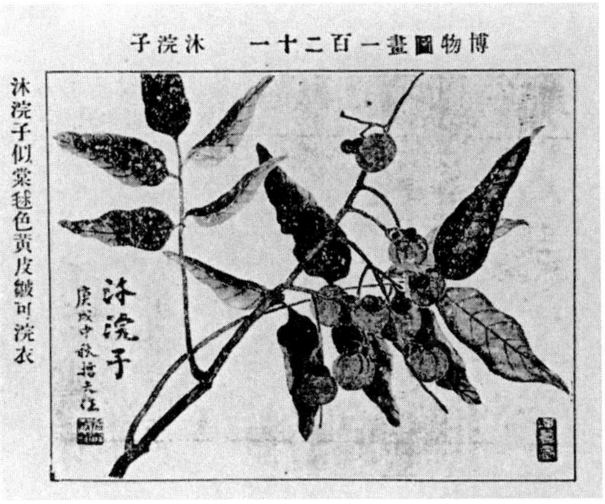

《國粹學報》1911 年第一冊

博物圖畫一百二十二《椰子》

椰又名胥餘，一作栟枒，葉如栟櫚。高六七丈，無枝條，故《吳都賦》謂椰葉無陰。二月開花白如千葉芙蓉，一本花不過數十朵，實不過三五顆。十二月成熟，大如瓜，外有龕皮類大腹次。有硬殼，圓而且堅，厚二三分，有二穴，芽出其中，剖之有白膚，厚半寸，極甘脆。中虛有清漿升許，味美於蜜，微有酒氣。東坡詩云「美酒生林不待儀」是也。文昌、瓊山之境有一種小者，端圓，去其皺皮，見爛斑錦文以白金塗之，以為酒琖、水罐，珍奇可愛。《神異經》所云「高二十餘丈，二百歲落生花，復二百歲落盡，生萼三歲實始成熟」，謬絕。

椰，蔡守續。鈐方印，模糊不清。

博物圖畫一百二十三《鷹爪蘭》

廣東之鷹爪蘭，有木本藤本二種。六瓣兩臺如鷹之爪，其香宛蘭，其色則綠，他處從未見。誠南方之奇葩也。

鷹爪蘭。上章閹茂六月清和月，順德蔡守哲。鈐「守」字白文印，「遇物能名」朱文長方印。

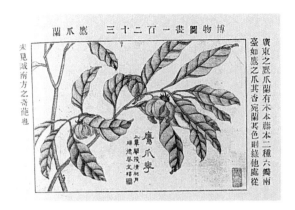

博物圖畫一百二十四《餘甘子》

餘甘子即梵書名菴摩勒，又名摩勒落迦。果怡老人謂即諫果，樹細似合昏。黃花，實似青李，核圓，作六七稜。風味過於橄欖多，販入北洲。方實時藞落藉地，如槐之子，榆之莢。土人干以合湯，意味極佳。其木可以製器。欽、陽二州所產尤眾，世間百果無不頓熟，惟此雖腐尤堅脆，可以比德君子，因初食苦澀，良久回甘，故得名。

商橫淹茂六月暑夜月下畫餘甘子。鈐「□」朱文方印。

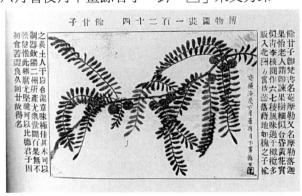

博物圖畫一百二十五《朱槿》

嶺表朱槿花，莖葉頗若桑樹，葉光而厚，南人謂之佛桑。按佛桑即扶桑。《嶺南雜記》分為二花，非也。但有重臺、單瓣之別耳。樹高只四五尺，而枝葉婆娑，自二月開花，至仲冬方歇。其單瓣者色深紅，五出如蜀葵，有一蕋長於瓣末綴金屑，日光所爍，疑有焰生。正與一百有三圖之異槿相若，其重臺者類中州芍藥，而輕柔過之，顏色亦最夥。

朱槿。商橫淹茂秋八月望夜，哲夫畫於滬瀆。鈐「成城」朱文方印。

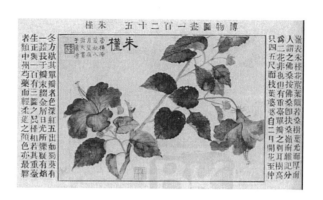

博物圖畫一百二十六《水松》

　　水松者，檜也。喜生水傍，其幹也得杉十之六，其枝葉得松十之四，故一名水杉。言其幹則曰水杉，言其葉則水松。東粵之松以山松為牡，以水松為牝。水松性宜水，蓋松喜乾，故生於山。檜喜濕。故生於水。水松，檜屬也，故宜水。廣中凡平堤曲岸，皆列植以為觀美。歲久暮，皮玉骨礌砢而多癭節，高者摩駢。低者蓋偃，其根浸漬中水輒生鬚鬣鬖，嫋娜下垂。葉清甜可食，子甚香。

　　庚戌八月十五日哲夫畫水松一株。鈐「南社哲夫」，白文方印。

博物圖畫一百二十七《人面子》

　　人面子如大梅李，生青熟黃，核如人面，兩目鼻口皆具。肉甘酸，宜蜜餞，鏤為細瓣去核，按匾煎之，微有橘柚芳氣。核中之仁絕美，點茶如梅花片，光澤可愛。茶之色香亦不變，以增城水東所產為上。水東在城南雁塔下，其樹僅數十株，子皮薄，落之使潰爛，乃干其核囊之。其仁門寬稍搖即脫，有買者隨多寡取核搖之，不預出其仁也。此樹最宜沙土。沙土鬆則根易發。數年即婆娑偃地，廣屬多種之。

　　商橫淹茂六月畫人面果。鈐「守」字朱文方印。

博物圖畫一百二十八完《含笑花》

含笑花產廣東，花如蘭，常不滿，若含笑，然隨即凋落。大含笑則大半開，小含笑則小半開。半開多于曉，一名朝合。小含笑白色，開時蓓蕾微展，若菡萏之未敷，香尤酷烈。古詩云：「大笑何如小笑香，紫花那似白花妝。」又有紫含笑，初開亦香。是子瞻所謂「娟媚泣露，暗麝著人」者。羅浮夜合含笑，其大至合抱，開時一谷皆香。寒瓊子哲夫並記於任囂城。

哲夫為含笑寫照。時庚戌中秋也。鈐「蔡守一」白文方印。

附：傳世《博物圖畫》原稿冊頁十七開秦國基供稿

博物圖畫七十四《木瓜》

木瓜。孟秋新晴鐙下寫，哲夫文。鈐朱文方印「哲夫成城」。

博物圖畫七十五《使君子》

使君子。己酉七月既望順德蔡文。鈐「喆夫」，朱文方印，「哲夫己酉後作」
朱文方印。

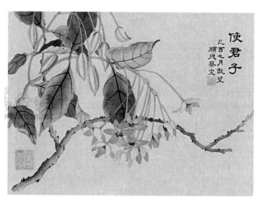

博物圖畫九十六《梜四種》

梜四種，哲夫寫。鈐「哲夫」朱文長方印。

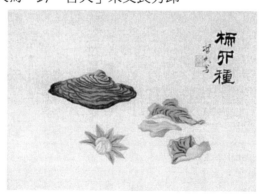

博物圖畫九十七《銅鼓蕈　燭臺蕈》

銅鼓蕈　燭臺蕈。蔡守一繪圖。鈐「守一」朱文長條印。

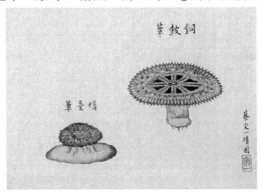

博物圖畫九十八《鎧甲菌　綠毛中馗》

鎧甲菌，綠毛中馗。鈐「守一」朱文長方印。

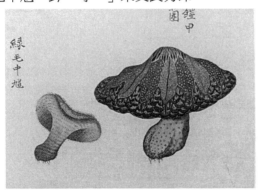

博物圖畫九十九《蘧蔬兩種》

蘧蔬兩種。蔡守寫生。鈐「哲夫」朱文長方印。

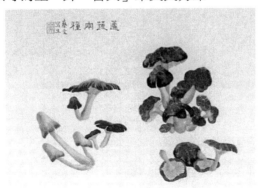

博物圖畫一百《五兩花》

五兩花。蔡文寫生。鈐「喆夫書畫」朱文方印，左下角鈐白文方印「豈徒玩物理，亦欲長人智」。

博物圖畫一百零一《蛾眉絨》

蛾眉草，細於髮，色絕綠，以點几上小山，無與儔也。名見《羅浮山志》。蔡守艁圖。鈐「蔡」朱文圓印，「十六子」朱文方印。

博物圖畫一百零二《芥蘭》

芥蘭，七十七庚戌春杪，龍江蔡守製圖。鈐「守」朱文方印，「龍江」白文方印，壓腳「傾城夫婿」朱文方印。

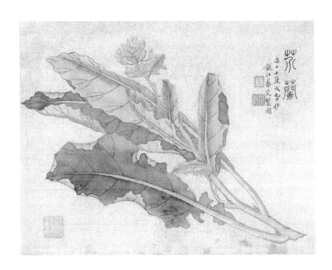

博物圖畫一百零三 《異槿》

此俗稱西藏紅花，寔朱槿之變種也。枝葉固與木槿、佛桑無異。其花下垂，瓣如翦綵，倒卷向上，一蕊下垂條，長二寸強，末綴金屑，日光所爍，疑有焰生。嶺表朱槿，固有如此，但瓣五出，大如蜀葵耳。樹高四五尺，枝葉婆娑。自三月開花至仲冬方歇。一叢日開數百朵，雖繁麗而無香。朝開暯落，插枝即活，亦儼然槿也。商橫淹茂秋七月晦日，蔡文並識於鏡齋。鈐「鏡齋」白文方印。

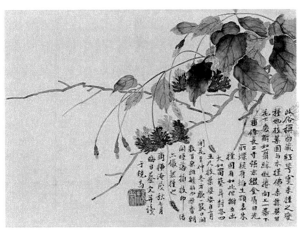

博物圖畫一百零四 《龍蘭　珊瑚蘭》

龍蘭，珊瑚蘭。成城子製圖。鈐「哲夫」朱文圓印。

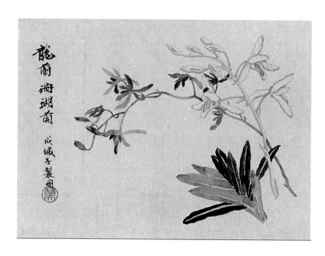

博物圖畫一百零七《瑞香》

　　瑞香，庚戌首夏蔡守製圖。鈐「哲夫」圓形朱文印，左下角鈐「蠡樓」方形朱文印。

博物圖畫一百一十二《樹蘭》

　　《嶺南雜記》云：「樹蘭高丈餘，花葉似魚子蘭而香烈過之。五葉者貴。其花不落，香且久。三葉者其花次日即落，俱不能度大庾嶺。度嶺次年不花，三年萎矣」。順德蔡守製圖。引首鈐「半隱行窠」朱文長方印，尾鈐「哲夫成城」朱文扁印，右下腳鈐「遇物能名」白文方印。

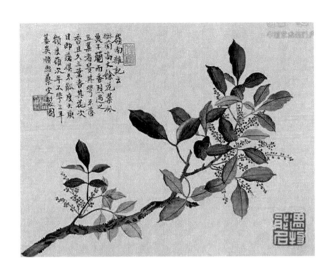

博物圖畫一百一十三《睡蓮》

　　《北戶錄》云：睡蓮葉如荇而大，沉於水面。其花布葉數重，凡五種色。當夏畫開，夜縮入水底，畫復出也。與夢草畫入地，夜即復出，一何背哉」。《南方草木狀》云：「花之美者有水蓮，如蓮而莖紫柔，無刺」。有守按：即今粵中午時蓮也。有守續並誌。鈐「哲」朱文方印，「南社哲父」白文方印。

博物圖畫一百一十四《賽蘭》

　　「南有賽蘭香，名花人未識。光風散微馨，甘露洗新碧。一月薰蒸來，氤氳在肝膈。乃知方寸根，中稟天地塞」。錄陳白沙先生句。商橫淹茂夏六月杪，溽暑揮汗畫於海上，順德蔡守哲夫並記。鈐「喆夫」朱文方印。

博物圖畫一百一十七《黎朦》

　　黎朦。黎朦子，或作林檬。今俗作檸檬，大如柑橙，亦同時熟。色紅黃，味極酸。產粵中，以鹽漬之，歲久不變。可理傷寒，亦能開胃除噯噦，一名藥果。孕婦肝虛耆之，故又曰「宜母子」。蒙古呼為「舍里別」。哲夫蔡守畫。鈐「蔡哲夫」朱文長方印，「遇物能名」白文方印。

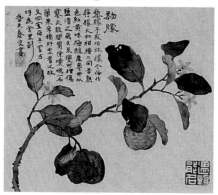

博物圖畫（無編號）《麻薑》

　　麻薑。哲道人抄生。鈐「哲夫」白文方印，「山家夫婦翰墨□□」壓腳朱文方印。

博物圖畫一百二十四《餘甘子》

商橫淹茂六月暑夜月下畫餘甘子。鈐「□」朱文方印。

博物圖畫一百二十七《人面子》[1]

商橫淹茂六月畫人面果。鈐「守」字朱文方印。

【注釋】

[1] 據廣州崇正拍賣公司拍賣會圖錄。